Martin Arz

NEU HAU SEN

Reiseführer für Münchner

HIRSCHKÄFER
verlag

Neuhausen steht auf dem Titel – doch dieses Buch bietet viel mehr, nämlich den gesamten Stadtbezirk 9, also neben Neuhausen noch Nymphenburg, Gern und die Ebenau; dazu sogar noch etwas Nederling und einen Hauch Moosach.

Der Stadtbezirk 9 war vor allem früher nicht sehr homogen und auch heute noch gibt es Unterschiede. Das Gebiet zerfällt in der Sozialstruktur in mehrere Teile. Das historische Bauerndorf Neuhausen wurde zum Arbeiterviertel mit umfangreichen Siedlungen und großen Wohnblöcken der Eisenbahn- und Postbaugesellschaften. Lange Zeit prägten zudem die Kasernen entlang der Dachauer Straße den Ort. Gleich daneben entwickelte sich Nymphenburg zum »königlichen Dorf«, zur vornehmen Villengegend für die Besserverdienenden. Und der winzige Weiler Gern, älter als Neuhausen und Nymphenburg, stieg dank findiger Immobilieninvestoren zum beliebten Wohnviertel auf. Das ehemalige Kasernengelände entlang der Dachauer Straße wurde erst in den letzten Jahrzehnten für den Wohnungsbau erschlossen, hier entstehen aktuell neue Projekte wie das Kreativquartier und das Strafjustizzentrum.

Neuhausen-Nymphenburg verfügt mit seinen einzelnen Vierteln über eine enorm große Fläche. Hier leben zudem beinahe 100 000 Menschen. Das ist eine Großstadt innerhalb der Millionenmetropole. Weite Teile des Stadtbezirks 9 sind reine Wohnquartiere. Wirklich urban geht es nur im Zentrum rund um den Rotkreuzplatz zu.

Neuhausen geriet in den vergangenen Jahren verstärkt in den Fokus der Immobilienspekulanten – Nymphenburg und Gern waren das bereits seit Längerem. Wie wurde der Stadtbezirk 9 zu dem, was er heute ist? Hier setzt unser Buch an. Was war, was das Viertel und seine Bewohner geprägt hat, ist unser Hauptthema. Es ist kein trendiger Szeneguide für kurzlebige Gastronomie- und Erlebnisshopping-Experimente – Neuhausen bietet ohnehin ein recht interessantes Angebot in den Bereichen Restaurants und Shopping. Wir geben im Service-Teil ein paar Tipps hierzu. Das Buch ist vor allem auch ein Stadtteilführer für Münchner und alle Interessierten, die Neuhausen, Nymphenburg und Gern in allen Facetten ein wenig näher kennenlernen möchten.

Historisches findet ebenso Berücksichtigung wie Aktuelles. Vergangenes und Verlorenes steht neben Verborgenem und Verführerischem. Blättern, schmökern, Bilder angucken – das Buch soll so viel Spaß machen wie Neuhausen und seine Nachbarn.

Martin Arz, München im Herbst 2019

Inhalt

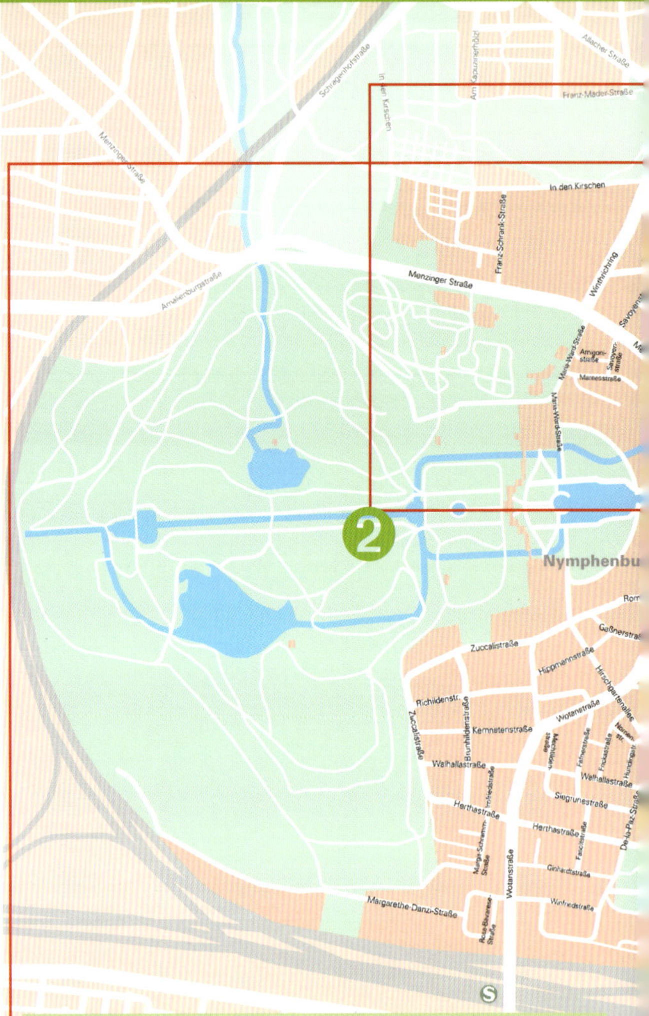

NEUHAUSEN
Erstnennung zwischen 1163 und 1165 als »Niwenhusen« **Namensbedeutung** neue Behausung(en) **Gemeindebildung** 1818 **Eingemeindung** 1890

NYMPHENBURG
Erstnennung 15. März 1675 als »Borgo delle Ninfe« oder »Nimpfenbourg« **Namensbedeutung** Burg der Nymphen | *zuvor »Kemnaten«* ***Namensbedeutung*** *beheizbares Haus, 1186 erstmals erwähnt* **Gemeindebildung** 1818, mit Gern und Hirschgarten **Eingemeindung** 1899

GERN
Erstnennung 1025 als »Gerin« **Namensherkunft** von »Gere«, der Bezeichnung für ein keilförmiges Stück Land **Gemeindebildung** 1818, mit Nymphenburg und Hirschgarten **Eingemeindung** 1899

NEDERLING
Erstnennung 1362/63 als »Noederling« **Namensherkunft** vom Namen Nendilo oder Noder/Notter **Gemeindebildung** 1818, mit Moosach, Hartmannshofen, Fasanerien, Kolonie Ludwigsfeld **Eingemeindung** 1913

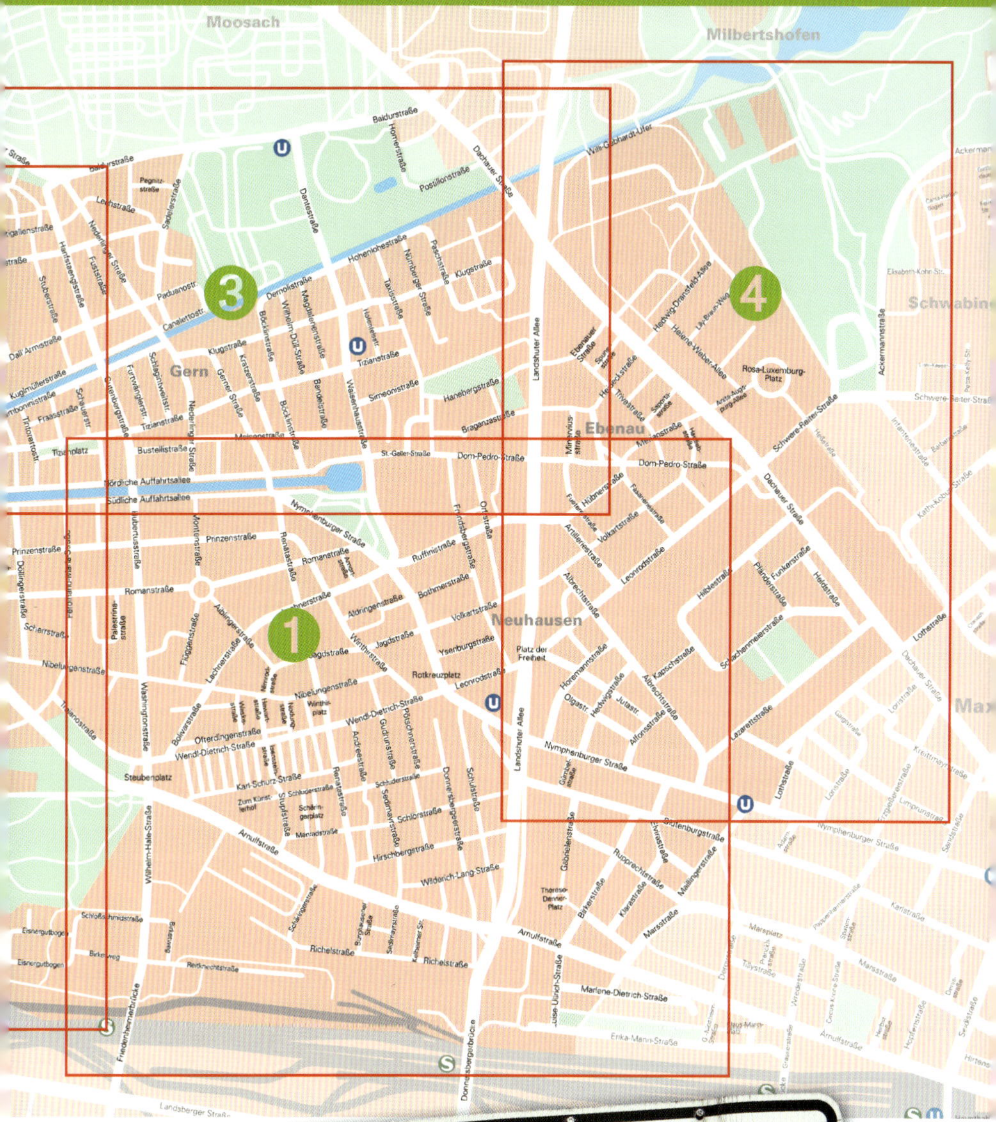
Moosach
Milbertshofen
Gern
Ebenau
Neuhausen
1
3
4

Neuhausen-
Nymphenburg

Bauern, Könige und Vorstädter

Die älteste Darstellung von Neuhausen stammt von Michael Wening aus dem Jahr 1701. Vorne das Jagdschloss, dahinter die heutige Winthirstraße mit Bauernhöfen und der Winthirkirche

Nein, wirklich wirtlich war die Gegend nicht: Eine karge Heidelandschaft mit Wiesen, Buschwerk und mickrigen Waldungen, dazu gab es kein Oberflächenwasser. Während ringsum Moosach, Pasing, Menzing und Feldmoching schon längst besiedelt waren und teilweise auf eine Jahrtausende lange Geschichte zurückblicken konnten, ließen sich erst vergleichsweise spät die ersten Siedler auf dem Gebiet von Neuhausen, Nymphenburg und Gern nieder. Der Legende nach soll im 8. Jh. ein vermutlich englischer Wanderprediger namens Winthir mit seinem Maultier auf einer Pilgerfahrt ins Heilige Land in Neuhausen gestrandet sein. Winthir soll in der Transportbranche tätig gewesen sein und Salz befördert haben. Bedeutender jedoch: Er brachte den Neuhausern angeblich das Christentum. So ange er lebte, blieb Neuhausen von Seuchen, Hunger, Krieg und jeglichem Unheil verschont. Nach seinem Tod beerdigten ihn die Bauern unter einer Linde. Später entstand hier die Winthirkirche.

Verlässliche schriftliche Hinweise auf Ortschaften im Gebiet gab es aber erst im 11. Jh. Als Erstes wurde 1025 das Dorf Gern erwähnt, die älteste Siedlung im Stadtbezirk. Den frühesten Hinweis auf Neuhausen verdanken wir einem gewissen Roudolfus de Niwenhusen, der dem Kloster Schäftlarn um 1164 ein Landgut in Sendling vermachte. Neuhausen tauchte in den folgenden Jahrzehnten immer wieder in Schenkungsurkunden auf. So überließ im Jahr 1249 Heinrich von Starcholtzhowen seinen Landsitz Newenhusen samt Hofmark und der damit verbundenen Gerichtsbarkeit dem Bischof Konrad I. von Freising.

Ein Grund, warum Neuhausen plötzlich so ins Rampenlicht trat, war sicher die Gründung Münchens 1158. Lief vorher die wichtige Salzstraße von Freising nach Augsburg nördlich des Dorfes vorbei, lag der Ort nun plötzlich an der neuen Handelsstraße von München nach Augsburg.

Die Hofmark Neuhausen samt Herrenhaus und Landgut wechselte mehrfach den Besitzer: 1362 gehörte sie Heinrich Küchenmeister von Rückenstein, drei Jahre später dem Münchner Patrizier Hans Püterich und 1390 Ulrich Küchenmeister von Lechhausen. Schließlich übernahmen die bayerischen Herrscher Neuhausen. Herzog Albrecht IV. kaufte den Herrenhof 1502 von den unehelichen Söhnen seines Bruders Siegmund.

In den folgenden Jahrhunderten änderte sich in Neuhausen wenig. Die Zahl der Höfe und der Einwohner blieb relativ konstant, dafür bekam der Ort bereits 1583 ein eigenes Gasthaus, eine der ältesten Gaststätten im Münchner Umland. Sieben Jahre später kaufte Hofkanzler Johann Gailkircher die Hofmark Kemnaten und ließ sich in Neuhausen einen repräsentativen Herrensitz erbauen, den Vorläufer des späteren Jagdschlössls. Gailkircher erreichte, dass der Herzog Neuhausen nun zum gefreiten Edelsitz erhob. Gailkirchers Erben zeigten kein Interesse an Neuhausen und verkauften es umgehend an das Münchner Bruderhaus, das zunächst gewaltig in den Ort investieren musste. Denn die marodierenden schwedischen Soldaten zerstörten Neuhausen und Kemnaten im Dreißigjährigen Krieg komplett. Das Bruderhaus ließ die Höfe neu erbauen. Um das investierte Geld wieder hereinzubekommen, verkaufte die Bruderschaft Neuhausen an den Freiherrn von Königsacker, der es 1705 an das Münchner Augustinerkloster veräußerte. Zehn Jahre später kaufte Kurfürst Max Emanuel für 15 000 Gulden den Edelsitz.

Die Übernahme von Kemnaten/Nymphenburg und Neuhausen durch die Landesherren brachte radikale Veränderungen für das ganze Gebiet mit sich. Das neue Schloss Nymphenburg brachte eine neue Sozialstruktur ins »königliche Dorf« Kemnaten. Der Schlosskanal mit den beiden Auffahrtsalleen durchtrennte alte Wegstrecken, Brücken führten erst ab 1892 über den Kanal. Der Verkehr von München nach Augsburg wurde an Neuhausen und Gern vorbei über die Dachauer Straße geführt. Dafür bekamen die Orte durch den mit Bäumen gesäumten »Fürstenweg« eine direkte Verbindungsstrecke von der Münchner Residenz zum Schloss Nymphenburg, die heutige Nymphenburger Straße. Die Straße machte am Edelsitz Neuhausen einen Knick und führte um den Ort herum zum Schlosskanal. Diese Straße blieb freilich den Fürsten vorbehalten. Das einfache Volk musste die parallel verlaufende Blutenburgstraße nutzen.

Den Edelsitz ließ sich Kurfürst Max Emanuel für sein liebstes Hobby umbauen: die Jagd. In den weiten Wäldern rings um Neuhausen veranstaltete Max Emanuel aufwendige Parforcejagden für seine illustren Gäste. Die Neuhauser Bauern sahen die fürstlichen Jagden mit gemischten Gefühlen. Einerseits konnten sie als Jagdhelfer hinzuverdienen, andererseits zerstörte das Wild immer wieder die Äcker. Außerdem mussten sie den Kurfürsten Land abtreten, die 1729 einen Hasengarten und 1780 den Hirschgarten anlegen ließen. Was die Bauern ebenfalls verärgerte, war die Tatsache, dass das Militär die Wiesen zwischen Neuhausen und München verstärkt als Truppenübungsgebiet nutzte. Seit 1603 beschwerten sich die Bauern erfolglos über die Flurschäden, die die Soldaten anrichteten. 1804 ließ daraufhin das Kriegsministerium das Areal, das damals bis zur

Das Zollhaus an der Nymphenburger Burgfriedengrenze (1899)

Das alte Jagdschloss nach der Renovierung 1925

Landshuter Allee reichte, mit einem Wall umgeben – das Marsfeld (seitdem der Maxvorstadt zugehörig) entstand. 1835 enteignete die Regierung schließlich die Neuhauser, die sich erdreisteten, weiterhin ununterbrochen Entschädigung zu fordern.

Im Jahr 1794 erlebte Neuhausen die zweitgrößte Katastrophe nach dem Dreißigjährigen Krieg. Ein verheerender Brand zerstörte den alten Ortskern. Zündelnde Kinder hatten die Knödlsölde in Brand gesetzt, das Feuer zerstörte 18 von 28 Höfen und die Kirche. Bayernweit fanden Spendensammlungen für den Wiederaufbau Neuhausens statt. Bei diesem Neuaufbau begradigte man die Dorfstraße und errichtete die zuvor verstreut gelegenen Bauernhöfe neu entlang der Straße.

Langsam wuchs im 19. Jh. die Stadt mit der Errichtung der Maxvorstadt an Neuhausen heran. Auf dem Gebiet dazwischen entstanden wilde Tagelöhnersiedlungen, deren Bewohner sich in den nahen Kies- und Sandgruben, bei den Brauereien oder beim Eisenbahnbau verdingten. Ähnlich wie in den Herbergsvierteln in Haidhausen, Giesing oder der Au herrschten katastrophale Zustände. Gesindel und Kriminelle machten die schmutzigen Gassen unsicher. Der Neuhauser Gemeindevorsteher weigerte sich, gemeinsam mit dem Armenpfleger die Siedlung zu besuchen, weil er fürchtete, nicht mehr lebend zurückzukehren. Die Neuhauser waren daher heilfroh, als München 1846 das Armenquartier mit den 223 windschiefen Gebäuden samt Marsfeld bis zur Loth- und Maillingerstraße hinauf eingemeindete. Die Stadt hatte mit dem Gelände große Pläne, die Armensiedlung musste der Industrie und dem Militär weichen. Vor den Toren Neuhausens – und entlang der Dachauer Straße auch auf Neuhauser Grund – entstanden nun die großen Brauereien und ein Gürtel von Kasernen und Militäranlagen zwischen Marsplatz und Oberwiesenfeld. Die Soldaten brachten den Neuhausern Geld in die Kassen – vor allem in den Gasthäusern, die rings um die Kasernen wie Pilze aus dem Boden schossen. Biergärten und Vergnügungsparks machten das Dorf zum beliebten Ausflugsziel auch für Städter.

So schnell wie in kein anderes Dorf kam die Eisenbahn nach Neuhausen. Der erste Münchner Bahnhof eröffnete auf dem Marsfeld in der Maxvorstadt, die 1840 eingeweihte Strecke nach Augsburg führte über Neuhauser Grund. 1866 baute der Industrielle Georg Krauß seine Lokomotivenfabrik Krauß & Co an der Grenze zu München auf (heute der Neuhauser Teil des Arnulfparks). Von der Lokomotivenfabrik steht heute noch der

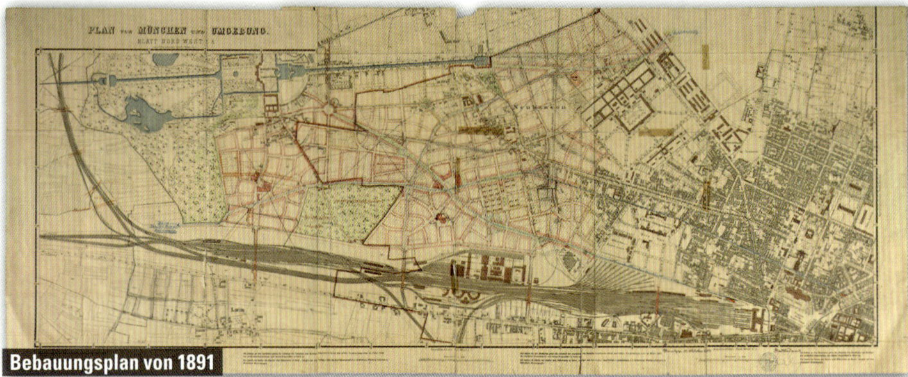

Bebauungsplan von 1891

Bebauungsplan von 1896

Ärmliche Behausung mit Sandgrube nördlich der Nymphenburger Straße (Gemälde von August Seidl, 1830)

Verwaltungsbau an der Helmholtzstraße 2. Wenige Jahre nach Gründung der Firma Krauß entstanden die Bahn-Zentralwerkstätte (heute die Bundesbahndirektion) und Münchens erste Arbeiter-Mustersiedlung zwischen den Bahngleisen und dem alten Ortskern. Die Arbeiterhäuser, wegen der Ziegelbauweise auch »Rote Häuser« genannt, mussten 1971 einer neuen Großwohnanlage der Gemeinnützigen Baugesellschaft Bayern weichen.

Neuhausen erlebte innerhalb von 30 Jahren eine regelrechte Bevölkerungsexplosion: Lebten 1855 nur 683 Menschen hier, waren es 1885 bereits 9648. Längst verband die Trambahn das Dorf mit der Stadt, die Nymphenburger Straße wurde zur wichtigen Ausfallstraße, Immobilienspekulanten entdeckten das Gebiet als Spielwiese, die Industriebetriebe und das Militär dehnten sich aus. Eine Eingemeindung nach München stellte nur den letzten Schritt der Urbanisierung dar. 1890 schluckte die Landeshauptstadt Neuhausen, neun Jahre später Nymphenburg und Gern. Im Gegensatz zum feinen Nymphenburg entstanden in Neuhausen vorrangig Mietshäuser sowie Arbeiterquartiere. Aber auch wichtige soziale Einrichtungen wie Schulen, Krankenhäuser und Kinderheime. Besonders in den späten 1920er-Jahren wuchsen neue Quartiere wie die Wohnsiedlung Neuhausen oder die Postversuchssiedlung.

Rings um die große Straßenkreuzung von Nymphenburger Straße und Donnersbergerstraße legte man beim alten Neuhauser Jagdschlössl den Rotkreuzplatz, der seit 1903 so heißt, als Stadtteilzentrum an. Das Jagdschlössl, mit seinen Erkern und Türmchen das Wahrzeichen Neuhausens, gehörte seit 1888 dem Frauenverein des Roten Kreuzes. Der Frauenverein erwarb ein angrenzendes Anwesen, auf dem ab 1890 das Krankenhaus am Rotkreuzplatz entstand. Schnell kamen weitere Bauten hinzu: ein Schwesternwohnheim, ein Schwesternaltersheim, ein Wöchnerinnenheim. Das Krankenhaus wurde im Krieg komplett zerstört – ebenso das alte Jagdschlössl. Im Gegensatz zum Schloss baute man das Krankenhaus ab 1951 in seiner heutigen Form wieder auf. Überhaupt prägt vor allem Nachkriegsarchitektur den zentralen Platz Neuhausens. Markantester und gleichzeitig umstrittenster Bau ist heute der Kaufhof aus den späten 1970er Jahren. Dass zeitgenössi-

Soldaten vor der Max-II-Kaserne (1910)

Soldaten vor dem Dienstgebäude des Militärlazaretts, Dachauer Straße 157 (1910)

sche Architektur aber auch funktionieren und sogar zur viel besuchten touristischen Sehenswürdigkeit aufsteigen kann, belegt die neue Herz-Jesu-Kirche in der Romanstraße 6.

Neuhausen entwickelte sich dank seines hohen Bestands an Altbauten in den 1980ern bei Studenten und jungen Familien zum angesagten Wohnviertel mit vielen Szenekneipen und alternativen Läden. Die Gründerzeitbauten entlang der Nymphenburger Straße und an der Blutenburgstraße, die durch den Mittleren Ring vom Viertelzentrum abgetrennt sind, waren da schon ein beliebtes Quartier für das gehobene Bürgertum. In den vergangenen Jahren hat die Gentrifizierung auch in Neuhausen Einzug gehalten. Die Stadt versucht, durch eine Erhaltungssatzung der Luxussanierung und der damit einhergehenden Verdrängung der angestammten Bevölkerung entgegenzuwirken.

Das königliche Dorf: Nymphenburg

Der Kurfürst freute sich riesig: Endlich hatte ihm seine Gattin Henriette Adelaide von Savoyen im Jahr 1662 den Thronfolger Max Emanuel geschenkt. Kurfürst Ferdinand Maria war darüber so entzückt, dass er sich nicht lumpen ließ und seiner Frau gleich ein ganzes Dorf als Wochenbettgeschenk überließ, wo ein neues Schloss erbaut werden sollte. Das Dorf hieß Kemnaten. Kemnaten wurde am 3. April 1186 erstmals als »Chemenaten« urkundlich erwähnt. Der Name leitete sich von »caminata« für Rauchfang, Schornstein ab und bedeutet: beheizbares Haus (vgl. Kemenate). Eine Urkunde des Klosters Schäftlarn aus dem Jahr 1193 erwähnt einen Ulricus de Kemenaten. Das Dorf bestand aus zwei Teilen: Ober- und Unterkemnaten. Um das Jahr 1500 herum gab es sechs Anwesen, die Ende des 16. Jh. zur Hofmark zusammengefasst wurden. 1663 erwarb schließlich der Kurfürst die Hofmark und hatte endlich das perfekte Geschenk für seine Gattin. Die Kurfürstin hatte große Pläne mit dem Dorf. Sie ließ ab 1664 direkt neben dem kleinen Magdalenenkirchlein ein Schloss bauen, das sie »Borgo delle Ninfe« taufte. Kemnaten – immerhin gab es 1752 hier 28 Bauernhöfe – verschwand nun langsam von den Landkarten, alle sprachen nur noch von Nymphenburg, dem »königlichen Dorf«.

Kurfürst Karl Albrecht plante sogar eine neue Siedlung, die »Carlstadt«, rings um den Nymphenburger Kanal, die aber nie verwirklicht wurde.

Schloss Nymphenburg diente den Wittelsbachern als Sommerresidenz und noch heute genießt das jeweilige Oberhaupt des Hauses Wittelsbach, derzeit Herzog Franz von Bayern, Wohnrecht, obwohl das Schloss seit 1918 dem Freistaat Bayern gehört. Schloss und Park zählen zu den größten Schlossanlagen Europas und ziehen jährlich rund 500 000 Besucher an. Damit liegt Nymphenburg weit vor der Münchner Residenz und Schloss Schleißheim. Der Botanische Garten war und ist übrigens nicht Teil der Schlossanlage.

Das alte Bauerndorf Kemnaten hatte durch das Schloss eine gewaltige Wandlung gemacht – nicht nur architektonisch. Die Siedlung wurden 1818 mit Gern zu einer politischen Gemeinde zusammengefasst. Nymphenburg zählte 1 453 Einwohner im Jahr 1855, das benachbarte Neuhausen nur 683. Das änderte sich 25 Jahre später, nachdem Neuhausen einen gewaltigen Siedlungsschub

Beliebter Winterspaß: Schlittschuhlaufen auf dem zugefrorenen Schlosskanal

Blick auf Neuhausen und Nymphenburg (ca. 1905): Deutlich erkennt man das Rondell Neuwittelsbach, den Schlosskanal, das Blindenheim und ganz vorne die Notkirche Herz Jesu

erhalten hatte und nun mit 8 467 Einwohnern deutlich vor Nymphenburg mit 1 822 Bewohnern stand.
Bei seiner Eingemeindung nach München 1899 hatte sich Nymphenburg bereits zur bevorzugten Wohngegend für ein gehobenes Bürgertum entwickelt – daran hat sich bis heute wenig geändert. Besonders die Villen entlang der Auffahrtsalleen, in der Neuwittelsbacher Kolonie und die historische Reihenhaussiedlung in Gern tragen zum speziellen Charme des Viertels bei. Ein Freizeitvergnügen der speziellen Art bietet der Nymphenburger Schlosskanal im Winter. Ist er zugefroren und das Eis dick genug, tummeln sich Schlittschuhläufer und Eisstockschützen darauf.

Bauern, Könige und Vorstädter

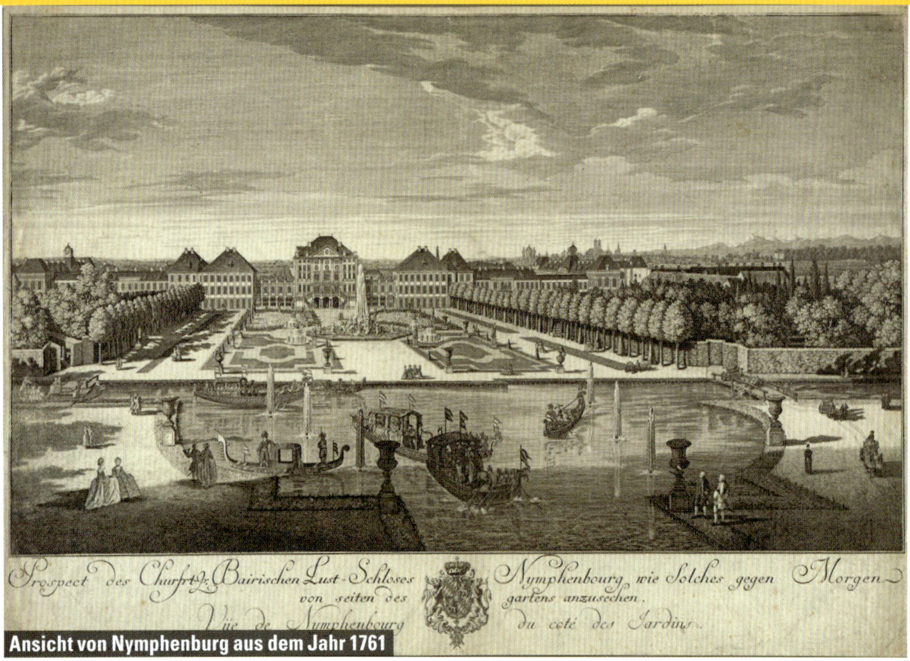

Ansicht von Nymphenburg aus dem Jahr 1761

Villenvorort Gern

Gern ist älter als Neuhausen und Kemnaten (so der erste Name Nymphenburgs). Zwischen 1024 und 1031 findet sich die erste urkundliche Erwähnung Gerns als »in loco Gerin«; unter »gere« verstand man ein lang gezogenes, keilförmiges Stück Land. Damals gehörte es zu den Lehen des Freisinger Bischofs Egilbert von Moosburg. Ein Verzeichnis des Klosters Tegernsee aus den Jahren zwischen 1149 und 1155, in dem die Abgaben für Leinen festgelegt sind, nennt den Ort Kerin. Wenig später ist in Urkunden zu einem Rechtsgeschäft von einem gewissen Friedrich de Geren zu lesen. Gern war und blieb über die Jahrhunderte nur ein winziges Bauerndorf, bestehend aus vier Bauernhöfen. Dem Kloster Dietramszell gehörte der Oberländerhof und der Holzbauer. Der Oswaldhof war im Besitz des Klosters Beuerberg und der vierte Hof gehörte dem Kloster Dießen. Später kam als fünftes Anwesen das Jägerhäusl hinzu. Der Ortskern lag in etwa dort, wo heute die Gerner Straße in die Klugstraße mündet. Mit der Säkularisation gingen die Bauernhöfe in den Besitz des Staates über. Bauer Joseph Ballauf vom Oberländer kaufte seinen Hof. Die anderen drei Höfe ließ Königin Karoline 1826 an den Münchner Bierbrauer Michael Schneider verkaufen. Der veräußerte sie bald an die Brüder Stadler, die sie schnell weiterverkauften. Bei der Entstehung der politischen Gemeinden im Jahr 1818 wurde Gern Teil der Gemeinde Nymphenburg.

Erst ab Mitte des 19. Jh. entdeckten wohlhabende Städter die Gegend nahe dem Schloss Nymphenburg für sich und machten aus dem Kuhdorf eine Villensiedlung. Um 1890 kauften kapitalstarke Terraingesellschaften Land auf und ab 1892 errichtete die Baufirma Heilmann & Littmann rings um die Böcklinstraße die Villenkolonie Gern. Die Kolonie steht heute zum Teil unter Denkmalschutz. Beliebt bei den Neu-Gernern und Ausflüglern war das Bier der 1876 gegründeten Gerner Brauerei. Auch auf dem Brauereigelände entstand in den 1970er-Jahren eine Villensiedlung. Zu Gern gehören auch das Dantebad und das Dantestadion.

Die Grenze zu Moosach: Nederling

Der kleine Weiler Nederling bestand bei seiner ersten Erwähnung vermutlich nur aus zwei Höfen. Einer davon gehörte zum Besitz des Klosters Dießen, daher nannte man ihn den Dießener Hof. Der andere hieß nach einem ehemaligen Besitzer Frimmerhof. Die beiden Güter standen auf steinigem, wenig fruchtbarem und daher kaum ertragreichem Grund. Die Pächter wechselten häufig, zeitweise standen die Höfe sogar leer. Nederling gehörte zum Amt Neuhausen, erst 1818 kam es zu Moosach. 1875 zählte man in Nederling 28 Einwohner, 9 Pferde und 43 Rinder. Der Frimmerhof schrumpfte immer weiter zusammen, weil die Besitzer stetig Land verkauften. Ein großer Teil von 37 Tagwerk (ca. 12 ha) wurde 1893 für die Errichtung des Westfriedhofs verkauft. Stadtbaumeister Hans Grässel plante den Friedhof samt Aussegnungshalle und Nebengebäuden. Die

Gruß aus Gern aus dem Jahr 1900

Bauarbeiten begannen 1898, nach zahlreichen Erweiterungen ist der Westfriedhof heute nach dem Waldfriedhof der zweitgrößte Münchner Friedhof.
Um 1900 war Nederling kurz als Standort für die neue Pferderennbahn im Gespräch. Schließlich erwarb der Bankier Salomon Gutmann im Jahr 1913 den Frimmerhof und konnte ein Jahr später auch den Dießener Hof dazukaufen. Seitdem heißt das Anwesen Gut Nederling. Ab 1906 entstanden nordwestlich des Guts mehrere Kleingartenanlagen, darunter die »Heinrich-Schlicht-Anlage«, die Münchens erste Kleingartenanlage überhaupt ist. Westlich der Schrebergärten befinden sich heute die Anlagen des Postsportvereins. Auch das 1911 erbaute Krankenhaus des Dritten Ordens liegt auf Nederlinger Gebiet. Im Laufe des 20. Jh. wurden alle Nederlinger Fluren nach und nach bebaut, zuletzt kam 1999 die Mettensiedlung hinzu. Nach diversen Flurbereinigungen und Neuordnungen der Stadtbezirke gehören Teile des alten Nederlings heute nicht nur zu Moosach, sondern auch zum 9. Stadtbezirk Neuhausen-Nymphenburg.

Moderne in der Dachauer Straße

Für bessere Wohnverhältnisse: die Ebenau

Noch fast bis Ende des 19. Jh. gab es in dem 1831 erstmals als Ebenau bezeichneten winzigen Weiler nur ein einziges Gehöft an der Straße nach Dachau. Erst als sich Neuhausen Richtung Osten ausdehnte, wurde auch die Ebenau, die direkt an das Oberwiesenfeld grenzte, erschlossen. Woher der Name für das Viertel zwischen Leonrod-, Dachauer Straße und Landshuter Allee kommt, ist unklar. Vermutlich bedeutet er einfach ebene Aue; zuvor hieß das Gebiet Weishaus, auch über die Herkunft und Bedeutung dieses Namens weiß man heute nichts mehr. Die Bebauung der Ebenau begann mit der Eröffnung der Straßenbahnhaltestelle Leonrodplatz 1909. Die für damalige Verhältnisse optimale Anbindung an den öffentlichen Nahverkehr nutzte der Verein für die Verbesserung der Wohnverhältnisse in München (seit 1961 heißt er Gemeinnütziger Wohnungsverein München 1899 e. V.) zur Errichtung einer sozialen Wohnungssiedlung. Die Bauten aus der Gründerzeit sind heute noch zum Teil erhalten und stehen unter Denkmalschutz. Südlich der Dom-Pedro-Straße siedelten sich mehrere Gärtnereien an, die nach dem Zweiten Weltkrieg Wohngebäuden weichen mussten. Gegenüber der Ebenau, auf der anderen Seite der Dachauer Straße, befand sich einst Militärgelände, das nach seiner Auflassung bis Ende der 1980er-Jahre als riesiges Flohmarktareal genutzt wurde. In den alten Fahrzeughallen etablierten sich Alternativtheater und Künstler. Auch dieses Gebiet wurde inzwischen mit einer Mischung aus Gewerbe- und Wohnhäusern bebaut, so hat die Zentrale des Goethe-Instituts hier ihren Sitz.

Bauernhöfe in Neuhausen und Gern

Schneetreiben in der Winthirstraße 1904: in der Bildmitte die Zimmergörglsölde (Winthirstraße 18), rechts die Winthirkirche

Der Strohmaierhof, Winthirstraße 4-6, 1905 (*siehe auch S. 41*)

Die Webersölde, Jagdstraße 3 (1910)

Das Krumpenhofgut, Winthirstraße 20 (1920)

Der Holzbauer in der Gerner Straße 2 kurz vor seinem Abriss (1908)

Winthirstraße 16 (1905)

Bauernhof an der Ecke Winthir-/Jagdstraße (1910)

Jagdstraße 6 (1910)

Zimmergörglsölde, Winthirstraße 18 (1904)

1 Neuhausen

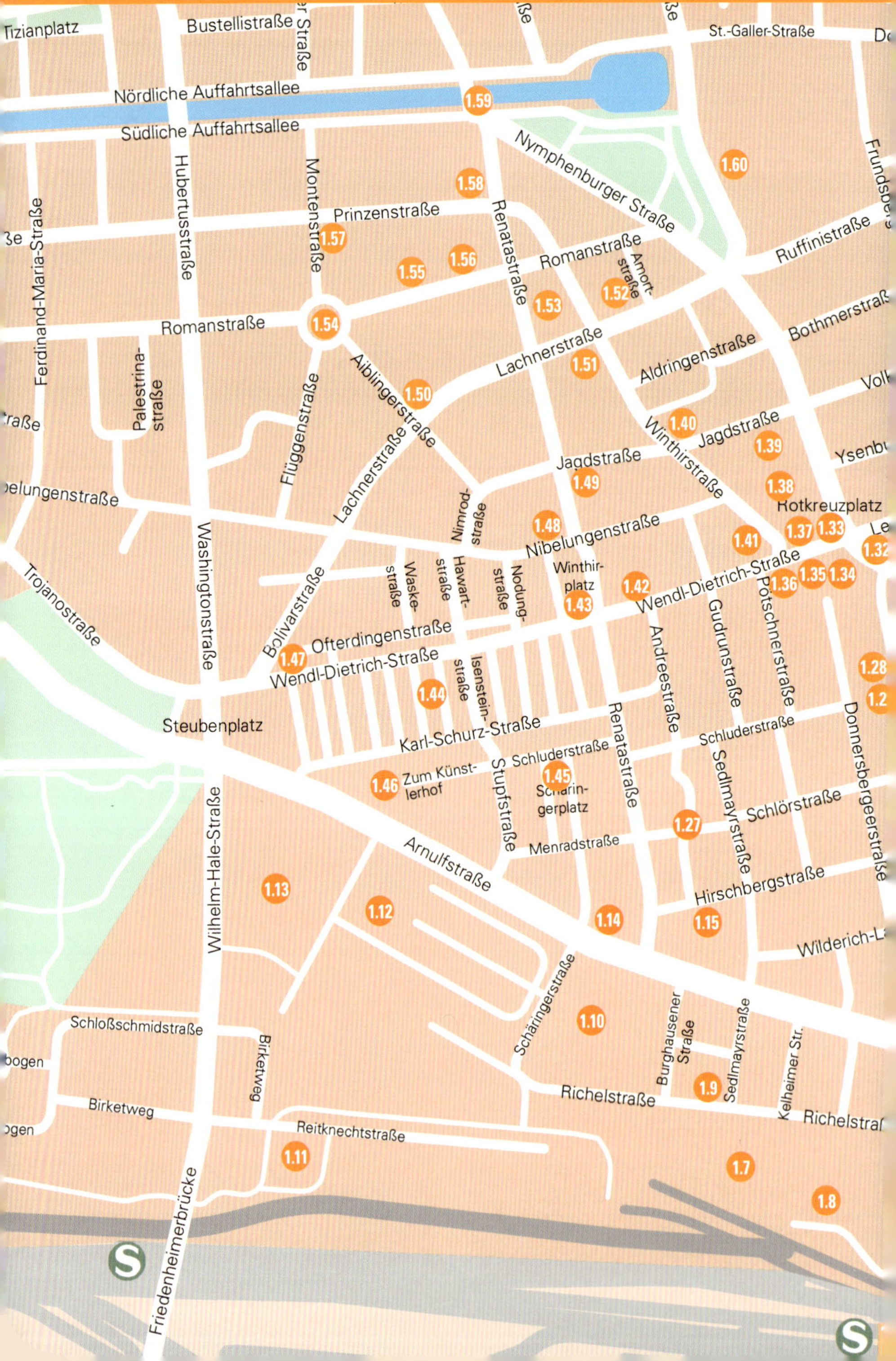
Tizianplatz
Bustellistraße
St.-Galler-Straße
Nördliche Auffahrtsallee
Südliche Auffahrtsallee
1.59
Nymphenburger Straße
1.60
1.58
Hubertusstraße
Montenstraße
Prinzenstraße
1.57
Renatastraße
Ruffinistraße
Ferdinand-Maria-Straße
1.55
1.56
Romanstraße
Amort-straße
1.52
1.53
Romanstraße
1.54
Bothmerstraße
Palestrina-straße
Lachnerstraße
1.51
Aldringenstraße
Aiblingerstraße
1.50
Flüggenstraße
1.40
Winthirstraße
Jagdstraße
1.39
Jagdstraße
1.49
1.38
Lachnerstraße
Nimrod-straße
Rotkreuzplatz
1.48
1.37
1.33
1.32
Nibelungenstraße
1.41
Washingtonstraße
Trojanostraße
Waske-straße
Hawart-straße
Nodung-straße
Winthir-platz
1.42
Wendl-Dietrich-Straße
1.36
1.35
1.34
1.43
Bolivarstraße
Ofterdingenstraße
Potschnerstraße
Gudrunstraße
Andreestraße
1.47
Wendl-Dietrich-Straße
1.28
Isenstein-straße
1.44
1.2
Steubenplatz
Karl-Schurz-Straße
Renatastraße
Schluderstraße
Donnersbergerstraße
Schluderstraße
Sedlmayrstraße
1.46
Zum Künstlerhof
1.45
Scharin-gerplatz
Stupfstraße
Schlörstraße
1.27
Menradstraße
Arnulfstraße
Wilhelm-Hale-Straße
1.13
1.12
Hirschbergstraße
1.14
1.15
Schäringerstraße
1.10
Burghausener Straße
Sedlmayrstraße
Kelheimer Str.
Schloßschmidstraße
Birketweg
1.9
Richelstraße
Birketweg
Reitknechtstraße
1.11
1.7
1.8
S
Friedenheimerbrücke
S

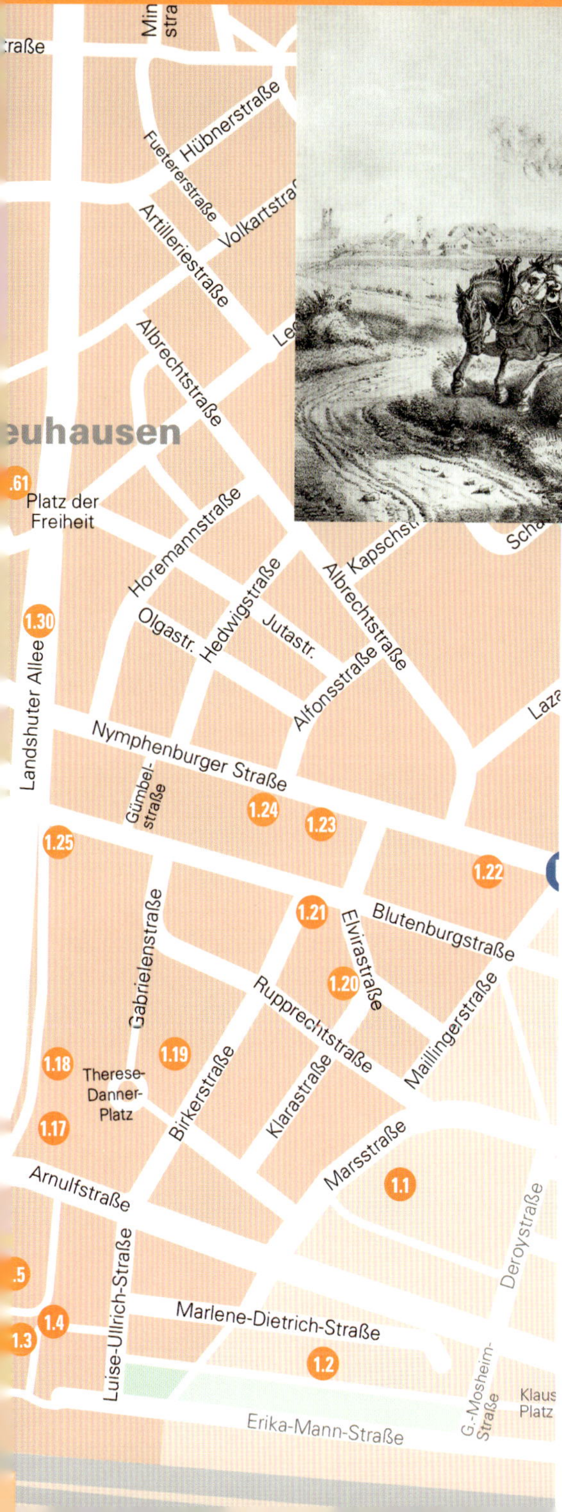

1.1 Marsfeld

Schon früh nutzten die Truppen der Kurfürsten die Neuhauser Heide als Exerzierplatz und Übungsgelände. Die Neuhauser Bauern beschwerten sich seit 1603 erfolglos über die Flurschäden, die die Soldaten auf ihren Feldern und Wiesen anrichteten. 1804 ließ daraufhin das Kriegsministerium das Areal, das damals bis zur Landshuter Allee reichte, mit einem Wall umgeben – das Marsfeld entstand nach dem Vorbild des »Campus Martius« in Rom, das dem Kriegsgott Mars geweiht war. 1835 ließ die Regierung die Neuhauser, die das Gelände nie verkauft hatten und ununterbrochen Entschädigung forderten, enteignen. Die Stadt München erhielt sieben Jahre später das Wegerecht. Die Unebenheiten des riesigen Geländes fuhrten schließlich dazu, dass der Exerzierplatz auf das Oberwiesenfeld verlegt wurde. Das Oberwiesenfeld begann damals an der Dachauer-/Ecke Maßmannstraße. Auf dem Marsfeld beschloss man den Bau von Militäreinrichtungen und verkaufte dann den Rest als Baugelände. Schon 1858 sollte eine Kaserne entstehen, doch die an der Landsberger Straße gelegene Schwefelsäurefabrik Buchner verpestete die Gegend mit so üblen Gerüchen, dass man erst deren Schließung abwarten musste. 1888 begannen die Bauarbeiten zur Marsfeldkaserne für die Einheiten aus der völlig veralteten Salzstadelkaserne.

Am Nordrand des Marsfelds befand sich die Schule für das Kadettenkorps mit Internat in

1 Neuhausen

Historische Karte von 1912

einem Neorenaissance-Bau in Backsteinoptik entlang der Blutenburgstraße. Dazu kamen die Inspektion der Militärausbildungsanstalten, die Artillerie- und Ingenieurschule und die Kriegsakademien, sowie eine Kriegsschule (Pappenheim-/Ecke Blutenburgstraße), in deren großem Hörsaal 1924 der Hitler-Prozess stattfand. Heute nutzt die Telekom das Anwesen.

Nach dem Ersten Weltkrieg gehörte die Besatzung der Marsfeldkaserne im November 1918 zu den ersten Einheiten, die sich dem Revolutionszug Kurt Eisners anschlossen. Auf dem Gelände des Marsfelds paradierte später noch die SA, doch zu dieser Zeit hatte schon die zunehmende Bebauung des einstmals gigantischen Areals begonnen. Heute ist von einem Platz nicht mehr viel zu merken. Auf dem Marsfeld befinden sich u. a. der Circus Krone-Bau, das Landeskriminalamt, die Wittelsbacher Schule, die Münchner Finanzämter und die Oberpostdirektion.

Mehr zum Marsfeld finden Sie in unserem Buch »Maxvorstadt – Reiseführer für München«, ISBN 978-3-940839-27-5

Die ehemalige Kriegsakademie auf dem Marsfeld

1.2 Arnulfpark

Das rund 18 ha große Gebiet zwischen Hacker- und Donnersbergerbrücke, im Süden begrenzt durch den Gleiskörper, im Norden durch die Arnulfstraße, diente einst als Container- und dann auch als Busbahnhof. Später fand hier jeden Samstag ein großer Flohmarkt statt und das Tollwood-Festival nutzte das Areal als Quartier. Damit war es ab Februar 2004 vorbei, als die Immobiliengesellschaft Vivico begann, das Areal zusammen mit Wohnbauträgern und gewerblichen Investoren zu entwickeln. Insgesamt entstan-

1 Neuhausen

Blick auf den Arnulfpark von der Donnersbergerbrücke

den 1 000 Wohnungen und rund 4 500 Büroarbeitsplätze. Das ehemalige Heizkraftwerk an der Donnersbergerbrücke wurde umgebaut und dient als »Freiheiz« mit einem Theater und Gastronomie als eine Art kulturelles Zentrum des Neubaugebiets. Die Straßen im Arnulfpark wurden nach deutschen Filmschaffenden benannt, die Querachse bildet die Marlene-Dietrich-Straße. Der Arnulfpark gehört teils zum Stadtbezirk 3, Maxvorstadt, teils zu Stadtbezirk 9, Neuhausen-Nymphenburg. *Mehr zum Arnulfpark finden Sie auch in unserem Buch »Maxvorstadt – Reiseführer für Münchner«, ISBN 978-3-940839-27-5*

1.4 Asphaltsee

Im nördlichen Teil des Arnulfparks ist nicht nur ein Platz, sondern ein ganzer ›See‹ dem Münchner Filmemacher Rainer Werner Fassbinder gewidmet. 60 Tonnen Gussasphalt verarbeitete der Bildhauer Wilhelm Koch zu dem rund 70 m × 17 m großen, begehbaren Bodendenkmal. In den Asphalt sind alle 43 Filmtitel, elf Theaterstücke und Hörspiele Fassbinders eingelassen.

1.3 Freiheiz

Das Freiheiz eröffnete 2007 als Veranstaltungsort für Konzerte, Theater und Clubnächte. Der lang gezogene alte Ziegelbau mit dem markanten Kamin diente früher als Elektrizitäts- und Fernheizwerk

der Bayerischen Staatsbahnen. Es ging 1910 in Betrieb und versorgte den Hauptbahnhof, den Rangierbahnhof Laim und die Zentralwerkstätte mit Strom, außerdem lieferte es den Dampf für die Heizungen des Verkehrsministeriums, des Hauptbahnhofs, des Hauptzollamts und anderer Dienstgebäude. Zum Verkehrsministerium und zum Hauptzollamt führten sogar begehbare Heizkanäle. 1999 wurde das Werk stillgelegt. Initiator für die neue Nutzung war der Regisseur und Autor Günter Knoll. Heute bietet das Freiheiz 399 Sitzplätze.

1.5 Krauss-Lokomotiven

Rauchende Schlote: Am 17. Juni 1866 gründete der gebürtige Augsburger Georg Krauß (erst später mit Doppel-S geschrieben, 1826-1906) seine »Locomotivfabriken Krauß & Comp.« auf dem Marsfeld an der Grenze zwischen Maxvorstadt und Neuhausen. Das 16,5 ha große Grundstück hatte Krauß vom Spatenbräu Gabriel Sedlmayr erworben. Der bereits etablierte Lokomotivenfabrikant Maffei tobte – nicht nur, weil er die Konkurrenz fürchtete, er war

Das Krauß-Werk

auch sauer, denn Krauß hatte seine Schlosserlehre einst bei Maffei gemacht. Die erste Lokomotive, die »Landwührden«, verließ 1867 das Werk und erhielt prompt im gleichen Jahr bei der Weltausstellung in Paris die Goldmedaille. 1903 kaufte Krauß die Landwührden zurück, ließ sie restaurieren und stiftete sie dem Deutschen Museum. Krauß zählte zu den großen Arbeitgebern in München, viele seiner Arbeiter zogen nach Neuhausen. So wurde Neuhausen zu einem Zentrum der frühen Arbeiterbewegung.

Die Fabrik zog 1905 nach Allach und fusionierte 1931 mit der bankrotten Lokomotivenfabrik Maffei. Noch heute ist die KraussMaffei Group in Allach zu Hause (wenn auch in chinesischem Besitz).

An der Ecke Helmholtz-/Arnulfstraße steht noch das 1922/23 im neobarocken Stil erbaute ehemalige Verwaltungsgebäude von Krauss.

Die legendäre Landwührden

1.6 Donnersbergerbrücke

Zunächst führte nur ein eiserner Steg über den Gleiskörper, damit die Arbeiter die Centralwerkstätte München erreichen konnten. Das war 1874. Eine einfache Straßenbrücke, die die Trappentreu- mit der Donnersbergerstraße verband, wurde 1900 gebaut. In der NS-Zeit wurde die Brücke 1935 erneuert. Mit der Anlage des Mittleren Rings in den 1960er-Jahren plante man auch die Brücke komplett neu: Sie sollte nun die bestens ausgebaute Landshuter Allee Richtung Süden fortführen. Der nördliche Brückenkopf wurde verlegt, daher folgt die Brücke heute nicht mehr ihrem »natürlichen« Lauf hinein in die Donnersbergerstraße, sondern macht einen Schwenk nach Osten. Baubeginn war im Oktober 1969 bei weiterhin laufendem Eisenbahn- und Individualverkehr. Wegen der Oberleitungen der Bahn mussten viele Arbeiten nachts ausgeführt werden, wenn die Oberleitungen abgeschaltet werden konnten. Pünktlich zu den Olympischen Spielen 1972 konnte die Brücke eröffnet werden. Sie ist eine der meistbefahrenen Strecken Europas, daher muss sie beinahe fortlaufend saniert werden. Außerdem überschreiten Feinstaub und Stickoxid regelmäßig alle Grenzwerte.

Die Centralwerkstätte, hier ist heute die DB Netz AG zu Hause

1.7 Centralwerkstätte München/Bundesbahndirektion

Neben der Post prägte die Bahn Neuhausen. Mit dem Ausbau der Bahnlinien und stetig wachsendem Verkehr war es bald nicht mehr wirtschaftlich, die Lokomotiven für Reparaturen an die Hersteller zu schicken. Centralwerkstätten in München und Nürnberg wurden geplant. 1869 war die Grundsteinlegung zur Münchner Centralwerkstätte rund zwei Kilometer vom Bahnhof entfernt. Die ersten Anlagen konnten 1871 in Betrieb gehen. Ungünstigerweise brannte die Wagenlackiererei bereits ein Jahr später ab und musste neu gebaut werden. Der u-förmige Hauptkomplex war 1874 fertig. Im östlichen Flügel war die Lokomotivmontierung, im westlichen die Wagenmontierung untergebracht. Der südliche Mittelbau beherbergte die Dreherei und allgemeine Werkstätten. Kesselhäuser mit Dampfmaschinen flankierten zu beiden Seiten den Mittelbau. Schon drei Jahre später reichten die Kapazitäten nicht mehr aus, die ersten Erweiterungsbauten entstanden im Norden. 1890-1893 expandierte das Werk bis zum Hirschgarten hin. In seiner größten Ausdehnung ab dem Jahr 1900 reichte die Centralwerkstätte von der Donnersberger- bis zur Friedenheimer Brücke. Mehr Platz wurde benötigt, stand aber nicht zur Verfügung. Zur Entlastung wurde 1906 die Centralwerkstätte Aubing eröffnet. 1920 änderte sich der Name in Hauptwerkstätte München, 1923 dann in Reichsbahnausbesserungswerk München (RAW). Was sich nicht änderte, war die Überlastung und der mangelnde Platz. Darum verlegte die Bahn die Lokomotiv- und Güterwaggonausbesserung nach Freimann und löste 1930 die Hauptwerkstätte als selbstständige Dienststelle auf. Die Reichsbahn nutzte einen Teil der alten Anlage als Bahnbetriebswagenwerk und vermietete leer stehende Hallen an andere Firmen. Hitlers Pläne, in Laim einen neuen Hauptbahnhof zu errichten, führten zum Abriss der meisten Gebäude. Was noch stand, machten die Weltkriegsbomben dem Erdboden gleich. Die Bahn blieb jedoch. 1969 eröffnete auf dem Areal der neue Postbahnhof, zwei Jahre später bezog die Bundesbahndirektion München einen von den Architekten Schlegtendal, Gerbl, Pröller, Nowak und Martinek entworfenen Neubau an der Richelstraße. Mit der Gründung der Deutsche Bahn AG wurden die Direktionen aufgehoben. Heute ist hier der Regionalbereich Süd der 1999 gegründete DB Netz AG zu Hause. Die DB Netz AG mit Hauptsitz in Frankfurt betreibt als Eisenbahninfrastrukturunternehmen fast 90 % des deutschen Schienennetzes.

Die DB Netz AG in der Richelstraße

1.8 Die Trauernden

Drei trauernde Frauen aus Bronze stehen vor der Bundesbahndirektion neben der Donnersbergerbrücke. Ursprünglich waren es vier: das Mädchen, die Braut, die Mutter und die Witwe. Sie versinnbildlichen die Trauer um die im Ersten Weltkrieg gefallenen Postler und Eisenbahner. Die 2,80 m großen Figuren wurden von der Erzgießerei Ferdinand von Miller gegossen. Das Denkmal war für die Kuppelhalle des Verkehrsministeriums in der Arnulfstraße konzipiert und 1927 enthüllt worden. Die vier Trauernden standen um eine in den Boden eingelassene Gedenktafel. Nach der Kriegszerstörung des Verkehrsministeriums und der Neugestaltung des Geländes (heute Hopfenpost und BR) wurden die drei erhaltenen Frauen, Mädchen, Mutter und Witwe,1973 an den heutigen Standort gebracht und Rücken an Rücken aufgestellt. Erst Anfang 2019 kam heraus, dass die Braut noch existiert und sich in Privatbesitz befindet.

1.9 Richelbräu

2008 richtete Günther Baumann im ehemaligen Waschkeller seines Wohnhauses in der Richelstraße 20 eine »Haus- und Hobbybrauerei« mit einer 70-Liter-Brauanlage ein: das Richelbräu war geboren. Gebraut wird hier fast alles, vom Ale bis zum Kölsch. Experimente mit Gewürzen und verschiedenen Zutaten sind ausdrücklich erwünscht. Das Reinheitsgebot interessiert niemanden, denn es ist keine gewerbliche Brauerei. Hobbybrauer oder auch Volkshochschulkurse können die Brauanlagen nutzen. Außerdem finden hier Kulturveranstaltungen statt.

1.10 Postversuchssiedlung

Zwischen Arnulf-, Schäringer-, Richel- und Burghausener Straße ließ der Bayerische Post- und Telegraphenverband gemeinsam mit der Reichsforschungsgesellschaft für Wirtschaftlichkeit im Bau- und Wohnungswesen 1928/29 die Versuchssiedlung nach Plänen von Robert Vorhoelzer und Walther Schmidt errichten. Wie der Name schon verrät, war die Siedlung als Versuch angelegt. Es sollten verschiedene Materialien, Bauweisen und Dachformen in Sachen Akzeptanz, Benutzerfreundlichkeit und Wirtschaftlichkeit ausgetestet werden. So wurden beispielsweise auch drei verschiedene Heizungssysteme in baugleiche Wohnungen installiert: Zentralheizung, Etagenheizung und Einzelöfen. In dem Wohnblock entstanden 202 Wohnungen mit je 57 m^2 und 124 Wohnungen mit 70 m^2. Die Bauten gruppieren sich um einen großen, beinahe quadratischen Innenhof. Entlang der Arnulfstraße wurden Läden eingerichtet. Revolutionär war der Einbau der sogenannten Münchner Küche, die von Dr. Erna Meyer erfunden und von Hanna Löv erstmals in der Postversuchssiedlung praktisch umgesetzt wurde. Die Münchner Küche sollte den idealen Kompromiss zwischen der Frankfurter Küche, die streng vom Wohnbereich abgetrennt war, und der Wohnküche, die als zunehmend unhygienisch empfunden wurde, darstellen. Die Münchner Küche bot durch eine teilverglaste

Wand und einen offenen Durchgang eine Sicht- und Hörverbindung zum Wohnbereich, damit die Hausfrau die Kinder auch beim Kochen beaufsichtigen konnte. Diese Küchenform ist heute allerdings in keiner einzigen Wohnung der Siedlung erhalten. In vier Musterwohnungen konnten die Mieter sich auch über die als besonders praktisch, preiswert und dennoch schön geltende Einrichtung der Bayerischen Hausratshilfe freuen. Die Postversuchssiedlung steht heute als bedeutendes Beispiel der Postbauschule unter Denkmalschutz.

1.11 Backstage

Dass München nicht gerade ein Hotspot für Jugend- und Subkultur ist, ist hinlänglich bekannt. Zum Glück gibt es immer wieder Initiativen, die dagegensetzen. So die Jugendkulturinitiative x-ray e. V., die das Veranstaltungsprojekt Backstage 1991 ins Leben rief. Das Backstage zog mehrmals um, erst Graubündener Sraße 100, dann Helmholtzstraße 16, schließlich Friedenheimer Brücke 7 und seit 2007 nun Reitknechtstraße 6. Auch dieser Standort ist, während das Buch entsteht, gefährdet, schon 2013 drohte eine Zwangsräumung. Vorerst ist bis Ende 2019 der Fortbestand gesichert. Betreiber ist die Backstage Concerts GmbH mit Geschäftsführer Hans-Georg Stocker. Schwerpunkt sind Konzerte und Festivals abseits des Mainstreams, und immer wieder Diskussionsveranstaltungen zu gesellschaftspolitischen Themen. Jedes Jahr findet im Backstage das Free&Easy Festival statt, ein dreiwöchiges Sommerfestival mit Konzerten, Partys, Kleinkunst, Filmen usw., das für die Besucher kostenlos ist. Übrigens gab US-Rapper Eminen im Backstage 1999 sein erstes Deutschlandskonzert.

Der Postsportplatz an der Arnulfstraße (1930)

1.12 Postsportverein

»Meine Postler laufen treppauf, treppab, die haben Sport genug!« Mit diesen Worten wollte der Präsident der Münchner Oberpostdirektion den Postschaffner Hermann Falter abwimmeln, als der 1925 um die Genehmigung bat, einen Postsportverein zu gründen. Doch Falter blieb hartnäckig. Wie viele andere auch war Falter ein Jahr zuvor durch das große Deutsche Turnfest auf der Theresienwiese mit dem Sportvirus infiziert. Falter ignorierte einfach die Absage und wandte sich direkt an das Reichspostministerium in Berlin. 25 Mal musste Falter nach Berlin schreiben, bis er endlich die ersehnte Genehmigung bekam. So konnte 1926 der Postsportverein München gegründet werden. Heimat des Vereins wurde die Arnulfstraße 165. Hier entstanden zwischen 1927 und 1930 ein Stadion für bis zu 15 000 Zuschauer, eine 400 m Aschenbahn, das Klubheim und eine Sporthalle mit 850 Plätzen. 1933 kamen Tennisplätze hinzu.

Im Krieg wurden Teile der Anlage zerstört, nach dem Krieg sollte der Verein aufgelöst werden, blieb aber als »Verein für Leibesübungen 1926« erhalten. Ab 1952, nachdem Firmensport wieder erlaubt wurde, nahm man wieder den alten Namen Post SV an. 1956 konnten die letzten Kriegsschäden beseitigt werden. Doch schon zehn Jahr später kam das Aus für den Sportplatz. Die Post benötigte das Gelände für den Bau des Paketpostamts. Der Post SV bekam von der Stadt ein Ersatzgelände an der Franz-Mader-Straße (Moosach) zur Verfügung gestellt, wo 1972 der neue Postsportpark eröffnet wurde.

Hier steht heute das Briefzentrum

1.13 Gleishalle des Paketpostamts

Die Gleishalle während der Bauarbeiten

Die Post gehört schon lange zu Neuhausen. An der Arnulfstraße 62 steht das ehemalige Postzustellamt (heute Postpalast), an der Arnulfstraße 195 das ehemalige Paketpostamt (heute Briefzentrum) mit der auffälligen Gleishalle. Ende der 1960er-Jahre soll das Paketpostamt das größte der Welt gewesen sein. Die beeindruckende Halle zum witterungsunabhängigen Be- und Entladen der Bahnpostwaggons wurde 1965-69 von der Oberpostdirektion München nach Plänen von Rudolf Rosenfeld und Herbert Zettel (gemeinsam mit Ulrich Finsterwalder und Helmut Bomhard) auf dem ehemaligen Gelände des Postsportvereins errichtet. Sie war bei der Erbauung die weitgespannteste Halle der Welt aus Fertigteilen. Die freitragende Halle ist 124 m lang, das gefaltete, aus 1 600 Betonfertigteilen zusammengesetzte Fächertragwerk spannt sich in einem 148 m weiten Bogen über 15 Bahngleise. Raumhohe Glaswände schließen das Gebäude ab. 2018 verkaufte die Post die denkmalgeschützte Halle. Der Investor plant hier eine »urbane Bebauung des Grundstücks unter Einbeziehung der Halle«, wie er der Süddeutschen Zeitung (5. September 2018) verriet. Während dieses Buch entsteht, ist wieder die Diskussion über Hochhäuser in München aufgeflammt, da der Investor zwei markante, ca. 150 m hohe Türme plant.

1.14 St. Clemens

Mitten in der Arbeitersiedlung der Roten Häuser (siehe 1.27) wurde 1923 an der Arnulfstraße 166 eine neue Kirche erbaut, weil die Mutterpfarrei Herz Jesu überlastet war. Man weihte sie dem hl. Clemens Maria Hofbauer. Die im Krieg völlig zerstörte Kirche wurde 1946 wieder aufgebaut. Ihre heutige Form erhielt sie 1964 durch den Anbau eines großen Seitenschiffes nach Plänen des Architekten Erhard Duwenhögger. Das Seitenschiff ist seit 2002 aufgeteilt in eine kleinere Werktagskapelle und den Clemenssaal.

St. Clemens 1935

1.15 Hirschbergschule

Im Eisenbahnerviertel – zwischen den Roten Häusern und den Centralwerkstätten – erfolgte 1901 die Grundsteinlegung für ein neues Schulgebäude nach Entwürfen von Theodor Fischer – das Grundstück hatte übrigens dem Millionenbauer Lenz Hauser (*siehe 1.41*) gehört. Schon ein Jahr später konnte der Westflügel mit elf Klassen bezogen werden. 1903 war der Ostflügel fertig. In der Hirschbergschule, damals eine der größten Volksschulen Deutschlands, wurde nach Konfessionen getrennt unterrichtet: im Ostflügel die Protestanten, im Westflügel die Katholiken. Die katholische Schule war zudem in eine Knabenschule mit eigenem Eingang in der Hirschbergstraße und einer Mädchenschule mit Eingang in der Renatastraße unterteilt. 1912 eröffnete mit der Winthirschule eine rein protestantische Schule, an die alle evangelischen Schüler wechseln mussten. Neben 41 Unterrichtsräumen und einer Hausmeisterwohnung gab es in der Hirschbergschule Turnsäle, Werk-

stätten für Holz- und Eisenbearbeitung, einen Kindergarten, ein Schulbrausebad sowie ab 1914 eine Schulküche und die »Schulzahnklinik West«, die bis 1950 existierte und auch Erwachsene behandelte. Im Jahr 1915 besuchten 2 574 Schüler die Schule – bis heute eine Rekordzahl.

Ab Beginn des Zweiten Weltkriegs mussten die Hirschbergschüler zusammenrücken, man verlegte die Oberschule der Englischen Fräulein und die Allgemeine Berufsschule für Postbedienstete in das Gebäude, das nun völlig überbelegt war. Verschärft wurde die Situation zusätzlich durch hier einquartierte französische Kriegsgefangene. Massiver Unterrichtsausfall war die Folge. 1945 zerstörten Bomben den Ostflügel. Weil für die Renovierung die Mittel fehlten, gründeten Eltern und Lehrer eine Selbsthilfeaktion und richteten ab 1951 gemeinsam 17 Räume wieder her. 1952/53 bezog die Berufsschule für Friseure einige Säle. 1969 trennte man Volks- und Hauptschulen, die Hirschbergschule wurde zur reinen Grundschule mit 550 Schülern. Im Gebäude gab es zudem 8 Klassen der Rudolf-Diesel-Realschule sowie 27 Berufsschulklassen. Im Schuljahr 2018/19 lernten 13 Klassen an der Grundschule. Noch heute ist die Städtische Berufsschule für Körperpflege hier zu Hause, sie soll aber in Zukunft nach Haidhausen in die Orleansstraße ziehen.

1.16 Streetart Donnersbergerbrücke

siehe S. 32

1.17 Meiller

1853 gründete der Schmied Lorenz Meiller eine Hammer- und Waffenschmiede in der Lilienstraße in der Au. Mit seinen Bauwerkzeugen und Winden belieferte er vor allem die Forst- und Bauwirtschaft. 1907 dann der große Wurf: Mit der Entwicklung eines Windenkippers auf einem Lkw legte er den Grundstein zu Meiller Kipper. Die Kapazitäten in der Au reichten bald nicht mehr aus. Nach dem Ersten Weltkrieg kaufte Meiller 1918 das Gelände des Eisenbahnwaggon-Herstellers Rathgeber an der Landshuter Allee 20. Rathgeber hatte sein Werk nach Moosach verlegt. Mit dem ersten hydraulischen Dreiseitenkipper, der ohne die bisherigen Winden auskam, setzte Meiller 1925 neue Maßstäbe. Im Zweiten Weltkrieg wurde das Stammgelände in Neuhausen stark zerstört und bis in die 50er-Jahre wieder aufgebaut. 1956 erwarb Meiller die Aktienmehrheit von Rathgeber, 1986 übernahm Meiller Rathgeber vollständig. Das Fabrikgelände an der Landshuter Allee (Foto oben) existiert längst nicht mehr. Die Münchner Fertigungshallen zogen 1995 endgültig nach Moosach. Seit 1997 steht hier u. a. der Bürokomplex »Arnulfbogen«.

Das ehemalige Meiller-Gelände heute

1.18 K11 – Kommissare im Einsatz

Man sollte sich von den verschiedenen Stadtplänen an den Bürowänden nicht täuschen lassen: Die Pseudo-Reality-Serie *K11 – Kommissare im Einsatz*, die SAT.1 von 2003 bis 2012 produzierte, wurde ausschließlich in München und Umgebung gedreht. Als »Kommissariat« diente die 2. Etage eines Bürogebäudes in der Landshuter Allee 8 (ehemaliges Meiller-Gelände), erst in der 11. und letzten Staffel zieht das Kommissariat um in die Taunusstr. 51.

1.20 Theater Blaue Maus

Ein Ladenlokal (zumindest auf den ersten Blick) beherbergt Münchens kleinstes Theater. 1993 gründeten Claus Siegert und Sigi Siegert das Theater Blaue Maus im Untergeschoss der Elvirastr. 17a. Eine Wendeltreppe führt vom Laden in das Kellergewölbe, in dem 44 Personen Platz finden. Ab 2017 übernahm Werkmünchen die Bühne. Werkmünchen bietet Menschen aus Theaterberufen die Möglichkeit, zwischen oder nach Engagements weiterhin in ihren Berufen zu arbeiten. Daher hat die Blaue Maus kein festes Ensemble. Gespielt werden in der Regel zeitgenössische Stücke, die von einer Dramaturgin gemeinsam mit allen Beteiligten aus Essays oder Erzählungen bekannter Autoren erarbeitet werden.

1.19 St. Vinzenz

An der Klarastraße betrieb die Vinzenz-Konferenz Neuhausen Ende des 19. Jh. ein Kinderheim mit kleiner Kapelle. Aus dieser eine richtige Kirche mit Pfarrei zu machen, blieb lange ein frommer Wunsch. Erst 1923 wurde die Pfarrei eingerichtet. Da das Geld für einen Kirchenbau fehlte, weihte Kardinal Faulhaber ein Jahr später eine barackenartige Notkirche an der Klarastraße ein. Im Januar 1945 wurden das Heim und die Kirche zerstört. Durch Spenden und persönliches Engagement vieler Gemeindemitglieder konnte 1949 ein Neubau in der Birkerstraße 21 nach den Plänen des Architekturbüros Sommersberger finanziert werden.

1.21 Blutenburg-Theater

Der Name lässt vermuten, dass sich das Theater in der Blutenburg befindet. Doch hier war die Blutenburgstraße (35) der Namensgeber. 1983 eröffnete René Siegel-Sorell sein kleines Theater, damals das erste Kriminaltheater Deutschlands. Auf dem Spielplan standen und stehen ausschließlich Kriminalstücke und -komödien. Schwerpunkte sind Krimis von Agatha Christie wie *Zehn kleine Negerlein*, *Tod auf dem Nil* und *Zeugin der Anklage*, Klassiker wie *Bei Anruf Mord* oder *Gaslicht* oder Komödien wie *Arsen und Spitzenhäubchen* und *Ladykillers*. Ziel war und ist laut Eigendefinition »spannende Unterhaltung auf hohem Niveau« zu bieten. Das Theater bietet 95 Sitzplätze und beschäftigt zehn feste Mitarbeiter. Nach Siegel-Sorells Tod 2017 übernahm Anne-Beate Engelke die Leitung.

In den Räumen befanden sich einst ab 1891 die Gaststätte Bürgerhof, dann ab 1918 die Walhalla-Lichtspiele, die 1960 in Scala umbenannt wurden und 1971 schlossen. Danach lud die Glam-Rock-Diskothek »Neue Münze« zum Abrocken, wo angeblich die weltweit ersten Meisterschaften im Luftgitarrespielen ausgetragen wurden. Bevor René Siegel-Sorell die Räume übernahm, standen sie zwei Jahre lang leer.

Das Gebäude der Brauerei im Jahr 1996

1.22 Weißbierbrauerei Lobenhoffer

Ein kurzes Dasein war der Weißbierbrauerei des Georg Lobenhoffer in der Nymphenburger Str. 77 beschert. 1879 eröffnet, wechselte sie im Jahrestakt die Eigentümer und schaffte einen Ausstoß von 240 hl pro Jahr. Die Weißbierbrauerei wurde 1890 stillgelegt.

1.25 Blutenburg-Brauerei

In der Landshuter Allee 40 eröffnete 1878 Neuhausens älteste Brauerei, die sich nicht lange halten konnte. Zwar schrieb der »Beobachter von Neuhausen« am 27. Februar 1889: »Der neue Stoff der Blutenburg-Bräu zog eine große Anzahl Jünger des Gambrinus an, und ein allgemeines Lob wurde dem tüchtigen Bräuer, Herrn Füger, zu Theil, welcher damit sein Meisterstück gemacht hatte.« Doch schon im September desselben Jahres war Schluss. Brauerei, Gasthaus und Wirtsgarten erwarb der Schriftsteller Dr. Heinrich Bauer, der die Brauerei umbenannte in »Kaiser« und 1890 magere 42 hl Bier produzierte. Das Gesöff beurteilte der »Deutsche Michel« am 1. August 1891 so: »Wenn man in der Kaiserbrauerei ... ein Bier trinkt, muss man die Augen schließen, damit man es hinunterbringt.« Die Brauerei wurde bald stillgelegt, die Gastwirtschaft, nun wieder »Blutenburg-Brauerei« genannt, blieb noch bis 1918.

Das Gebäude der Brauerei im Jahr 1930

1.23 Weißbierbrauerei Wetzstein

Schreinermeister Franz Xaver Wetzstein eröffnete 1880 seine Weißbierbrauerei in der Nymphenburger Straße 117 und braute selbst zehn Jahre lang. Im Dezember 1890 musste Wetzstein schließen. Das Haus wurde an die Spatenbrauerei verkauft, die die zur Brauerei gehörende Gaststätte in »Zum Freischütz« umbenannte und weiterführte.

1.24 Roncalli-Kolleg

Nein, falsch gedacht! Nicht nach dem bekannten Zirkus ist dieses Kolleg benannt, sondern nach Angelo Giuseppe Roncalli, besser bekannt als Papst Johannes XXIII. Das Roncalli-Kolleg an der Nymphenburger Straße 99 ist eine Einrichtung des Erzbischöflichen Ordinariats München, das 1968-1970 von den Architekten Carl Theodor Horn und Peter Eggenhofer gebaut wurde. In dem Studentenwohnheim gibt es 125 Zimmer.

Die 6 m große Edelstahlstatue *Evolution 1* vor dem Haus stammt von Karl-Jakob Schwalbach

Das Maxim bei der Generalsanierung 2016

1.26 Neues Maxim

Am 1. Februar 1912 verkündeten die Neuhauser Nachrichten: »Neuhausen wird in nächster Zeit mit zwei Kinematographen-Theatern versehen werden (…). Man sieht, Neuhausen macht sich.« Neuhausen machte sich dann doch nicht ganz so, denn es wurde zunächst nur mit einem Kino versehen: In den ehemaligen Räumen des Kaufhauses Schottländer (siehe 1.34) an der Landshuter Allee 33 eröffnete am 14. September 1912 das Lichtspieltheater des Westens, ein kleines, schlauchartiges Kino – wegen der Größe von den Neuhausern »Flohzirkus« genannt. Zwei Jahre später wurde es in Hindenburg Lichtspiele umbenannt, kurz danach in Volkslichtspiele. Das Gebäude überstand den Zweiten Weltkrieg praktisch unbeschädigt und so eröffnete das Kino bereits 1946 wieder. 1953 taufte es der damalige Besitzer Hans Helbig »Maxim«. Die Helbigs gingen 1977 in Ruhestand, dann übernahm Hannelore Köpferl das Filmtheater, doch ihr Schwerpunkt Filmkunst kam nicht gut an. 1978 übernahm Siegfried Daiber das Maxim. 1990 war das Maxim die Geburtsstätte des renommierten »Internationalen Münchner Dokumentarfilm-Festivals«. Bis 2016 war das Maxim ein Fixpunkt für Cineasten als anspruchsvolles Programmkino. Dann drohte das Aus, die neuen Hauseigentümer forderten 40 % mehr Miete. Doch letztlich konnte das Kino gerettet werden. Nach umfangreicher Kernsanierung und Einbau eines zweiten Saals im Keller ging es weiter – nun unter dem Namen Neues Maxim. Nachdem das älteste Kino Münchens, das 1907 eröffnete Gabriel in der Dachauer Straße, im April 2019 seinen Betrieb einstellte, ist das Maxim heute nach den Museumslichtspielen (1910) das zweitälteste Kino Münchens.

Frühe Kinos in Neuhausen:

1916: Fern-Andra-Lichtspiele (später Atrium), Nymphenburger Straße 136
1918: Walhalla-Lichtspiele (später Scala-Filmtheater), Blutenburgstraße 30
1920: Arnulf-Lichtspiele, Arnulfstraße 134
1926: Schlosstheater, Nymphenburger Straße 166

Schlosstheater 1930

1.27 Die Roten Häuser/ Arbeiterheim

Die Bahn und später auch die Post als die größten Arbeitgeber prägten mit ihren Bauten den Neuhauser Südwesten. Nicht die politische Einstellung der meisten Bewohner gab der Bahnarbeitersiedlung »Rote Häuser« den Namen, sondern die roten Ziegel. Die damals auch als »Arbeiterheim« bezeichneten Gebäude entstanden von 1872 bis 1875 zwischen Renata-, Schluder-, Sedlmayr- und Hirschbergstraße: In 26 eingeschossigen Backsteindoppelhäusern mit Gärten gab es 208 Wohnungen. Die Neuhauser verspotteten die soziale Wohnungsanlage als »Rotes Elend« oder »Rossfleischinsel«. In den kleinen Wohnungen lebten Familien auf engstem Raum zusammen. Wohnungsnot war schon damals in München ein großes Thema. Die Siedlung der Königlichen Eisenbahnverwaltung wurde 1893, 1897 und 1905 nochmals auf insgesamt 36 Gebäude erweitert. Doch der Bedarf reichte nicht aus, 1911 riss man den Teil an der Sedlmayrstraße ab und ersetzte ihn durch mehrgeschossige Mietshäuser, die von der Eisenbahner-Baugenossenschaft München Hauptbahnhof und der Baugenossenschaft München-

Die Roten Häuser an der Renatastraße

West des Eisenbahnpersonals gebaut wurden. Die restlichen Roten Häuser ließ die Deutsche Bahn ab 1971 abreißen und durch eine moderne Großwohnanlage mit 333 Wohnungen ersetzen.

Ab 1908 wurden Baugenossenschaften staatlich gefördert, was zu etlichen Neugründungen und einem regelrechten Bauboom in Neuhausen führte. Neben den bereits erwähnten (Eisenbahner-Baugenossenschaft München Hauptbahnhof, Baugenossenschaft München-West des Eisenbahnpersonals) erbauten die Baugenossenschaft München-Neuhausen (1913 an der Renatastraße) sowie die Baugenossenschaft des Post- und Telegraphenpersonals (1909 an der Arnulfstraße, 1913 an der Renatastraße) große Wohnblöcke.

Über den Toreinfahrten finden sich manchmal noch Hinweise auf die Genossenschaften (o. Menradstraße, u. Schäringerplatz)

Genossenschaftsblock Birkerstraße 21 (1920)

Die neue Schule im Jahr 1900

1.28 Volksschule Neuhausen/ Rudolf-Diesel-Realschule

Die Neuhauser Kinder durften zwar seit 1802 die Schulen in Nymphenburg besuchen, doch der Weg war weit und das ständige Bevölkerungswachstum ließ den Neuhauser Gemeinderat beim Landgericht München 1838 einen Antrag auf eine eigene Schule stellen. Der Antrag wurde abgeschmettert, ebenso wie mehrere Folgeanträge. Erst in den 1860er-Jahren konnte auch die Regierung nicht mehr leugnen, dass Neuhausen, vor allem durch den Ausbau der Eisenbahn, gewaltig gewachsen war. 1866 eröffnete in einem ehemaligen Bauernhaus in der Volkartstraße 4 die erste Neuhauser Schule für 88 Kinder, die Lehrer Josef Jehle unterrichtete. Schon 1872 waren es 150 Buben und Mädchen – das Schulhaus platzte aus allen Nähten. Also baute man 1875 eine neue Schule an der Winthirstr. 4. Die reichte keine fünf Jahre. Ein Neubau mit 12 großen und 2 kleineren Unterrichtsräumen und einer Hausmeisterwohnung konnte zum Schuljahresbeginn 1881/82 in der Schulstraße 3 in Betrieb gehen. Die Koedukation endete 1888, als man die Kinder in jeweils sieben Mädchen- und Knabenklassen aufteilte. Ein Jahr später besuchten bereits 1070 Kinder die damals größte Schule Münchens. Nach Um- und Ausbaumaßnahmen unter Baurat Hans Grässel verfügte das Gebäude ab 1895 über eine Schulküche, ein Brausebad, einen Schulgarten und im Winter eine Eisstockbahn. Im Ersten Weltkrieg diente die Schule als Lazarett, für den Verwundetentransport wurde ein eigener Gleisanschluss durch die Straße gelegt. Nach Kriegszerstörung und Wiederaufbau eröffnete ein Teil der Schule 1950, der zweite Gebäudeteil konnte erst 1964 fertiggestellt werden. Ein Jahr zuvor bezog die städtische Rudolf-Diesel-Realschule für Knaben einige Räume. 1968 zogen die letzten vier Volksschulklassen aus. Die Realschule kippte 1977 den Zusatz »für Knaben« und öffnete sich für Mädchen.

Die erste Neuhauser Schule in der Volkartstraße

Uhrenturm der Schulstraßen-Schule (1900)

1.29 Feuerwehrhaus

Direkt neben der Schule (Schulstraße 5) befindet sich das alte, denkmalgeschützte Feuerwehrhaus, das Adolf Schwiening und Richard Schachner 1911/12 erbauten. Seit 2004 ist hier das Rote Kreuz mit seiner Bereitschaft West 1 untergebracht.

Streetart Donnersbergerbrücke

Künstler: Graphism

Die Münchner Donnersbergerbrücke gehört zu den meistbefahrenen Strecken Europas. Entsprechend grau und trist zeigte sich jahrelang die Umgebung. Dabei bietet die Brücke etwas ganz Besonderes: Eine der größten Open-Air-Galerien Deutschlands – und wer nun denkt, die größte Open-Air-Galerie Deutschlands sei die East Side Gallery in Berlin, irrt, denn dort gibt es fast nur Replikationen, kaum Originale! Nach langen Verhandlungen mit der Stadt erlangte im Jahr 2012 das Münchner Künstlerkollektiv Writers Corner Munich (WCM) die Genehmigung zur Gestaltung der Säulen und Seitenwände auf der Neuhauser Seite der Brücke. Zahlreiche Künstler, vor allem aus München, verwandelten die Donnersbergerbrücke zu einem für jedermann zugänglichen, schier endlosen Kunsterlebnis. Nach mehreren Crossingattacken wurden 2016 einige Säulen komplett neu bemalt.

Künstler: Graphism

Künstler: Flin

Künstler: Kürls

Künstler: Mr. Woodland

Künstler: Der Blaue Vogel

Künstler: Buntlack Team

Künstler: Beastiestylez

Künstler: Layer Cake

Künstler: SatOne

Künstler: Morefines und Capsol

Die Landshuter Allee 1938

1.30 Landshuter Allee

Kaum vorstellbar, aber die verkehrsumtoste Landshuter Allee war einst eine wunderschöne, von Lindenbäumen gesäumte Allee. Ursprünglich verlief hier ab 1858 am Rand des Dorfes Neuhausen die Bahnlinie über Feldmoching nach Landshut. 1892 wurde das Gleisbett in eine Straße umgebaut. In der Nachkriegszeit, als die autogerechte Stadt das Maß aller Dinge war, stürzten sich die Stadtplaner begeistert auf die Straße, die sich ideal für den Mittleren Ring umbauen ließ. Seitdem ist es trotz einiger Untertunnelungen vorbei mit Grün und Ruhe.

1.31 Die Winthir-Apotheke

Was für ein markantes Wahrzeichen am Rotkreuzplatz: der Turm der Winthir-Apotheke. Leider längst Geschichte. Das Gebäude hat den letzten Weltkrieg nicht überstanden. Einst hatte Alois Hofmann, ehemaliger Landgerichtsapotheker in Dachau und Inhaber der Münchner Löwen Apotheke, im Jahre 1826 eine Filialapotheke in Nymphenburg eröffnet. Die befand sich im zweiten Kavaliersgebäude des südlichen Schlossrondells von Schloss Nymphenburg. 1832 gelangte die Apotheke in den Besitz von Joseph Sutor, der die Filiale von der Löwen Apotheke trennte und eigenständig machte. Schon acht Jahre später verkaufte er an den Murnauer Apotheker Anton Gulielmo. Dessen Sohn verlegte die Apotheke an den Rotkreuzplatz, weil die steigende Bevölkerungszahl eine zentralere Lage forderte, und benannte sie nun Winthir-Apotheke. Sein Nachfolger Heinrich Buchner ließ von Architekt Leonhard Romeis ein neues Gebäude nach dem Vorbild des Münzturms von Hall in Tirol errichten. Der auffällige Turm wurde zum Wahrzeichen Neuhausens. 1942 übernahm Dr. Hermann Vogel die Apotheke. Am 4. Oktober 1944 zerstörten Fliegerbomben das Anwesen. Vier-Jahre später eröffnete die Nachfolgeapotheke in der Nymphenburger Straße 154 wieder. 1951 zog die Apotheke zurück in die ursprüngliche Adresse Nymphenburger Straße 160. Heute leitet Vogels gleichnamiger Enkel die Apotheke.

Rotkreuzplatz mit Winthir-Apotheke 1928

1.32 Alter Winthirbrunnen

Direkt vor der Winthir-Apotheke (*siehe 1.31*) sollte eine kleine Gartenanlage entstehen. Apotheker Buchner trat hierfür ein bisschen Land an die Stadt ab. Doch für einen Garten hatte man kein Geld, also beschied man sich mit einem Brunnen. Bildhauer Jakob Bradl schuf die Figur auf der Muschelkalksäule, Architekt Theodor Fischer entwarf die Gesamtanlage. Am 23. Oktober 1901 wurde der Trinkwasserbrunnen eingeweiht. Er stand bis zum 4. Oktober 1944, als er von Fliegerbomben zerstört wurde.

1.33 Winthirbrunnen

Der selige Winthir sitzt auf einem knienden Maultier und hebt segnend das Kruzifix in die Höhe. Die Bronzefigur, gestaltet von Ursula und Rudolf Wachter, thront auf einem Granitsockel, das Brunnenbecken ist ebenfalls aus Granit. Es ist bereits der zweite Winthirbrunnen in München. Der erste stammte von Bildhauer Jakob Bradl und stand ab 1901 an der Ecke Leonrod-/Nymphenburger Straße (*siehe 1.32*).

1.34 Kaufhaus Schottländer

Die erste Adresse in Sachen Damenmode und Stoffe für Neuhausen war Anfang des 20. Jh. das Kaufhaus Schottländer. Paul und seine Frau Anna eröffneten 1908 an der Landshuter Allee 33 ihren Laden. Trotz der etwas ungünstigen Lage florierte das Kaufhaus. Schon fünf Jahre später wagten die Schottländers den Sprung in eine 1-a-Lage direkt am Rotkreuzplatz. Sie mieteten in einem neu erbauten Geschäftshaus das ganze Erdgeschoss und den Keller, stolze 700 m². Man erweiterte das Sortiment um Herrenmoden, »Putzartikel« (heute nennt man das Accessoires), Spielzeug und Teppiche. Trotz der stürmischen Zeiten von Krieg, Revolution , Räterepublik und Inflation blieben die Kunden den Schottländers treu. Gemeinsam mit Verwandten erwarb das Ehepaar 1920 das gesamte Anwesen für 465 000 Reichsmark.

Mit der Nazizeit wurde es für die jüdische Familie allerdings immer schwieriger. Sohn Ernst stieg 1937 als gleichberechtigter Teilhaber ins Geschäft ein. Schon ein Jahr später kam das Aus. Die Schottländers mussten für einen Spottpreis den Laden an den Sportgeschäftbetreiber Alfons Biber verkaufen. In der Reichspogromnacht verhaftete man Paul Schottländer und sperrte ihn vier Wochen lang im KZ Dachau ein. Ohne nennenswertes Vermögen sah sich die Familie zur Auswanderung gezwungen. Sohn Ernst ging 1939 in die USA, die Eltern wollten 1940 über den Landweg via Russland und China ebenfalls in die USA. Wegen des Kriegseintritts Japans saßen sie bis 1946 in Shanghai fest.

Paul Schottländer starb 1948 in New York, seine Frau Anna 1955. Ihr Sohn Ernst erstritt in mehreren Wiedergutmachungsverfahren einen Teil der Vermögenswerte zurück.

Blick von der Winthirstraße auf den Rotkreuzplatz im Jahr 1913. Wo der Bauernhof (r.) und der Schuhladen (Bildmitte) stehen, ist heute der Kaufhof, links das Kaufhaus Schottländer

1.35 Steinernes Paar

Der markante Blickfang auf dem Rotkreuzplatz ist der Brunnen mit dem *Steinernen Paar*, das Bildhauer Klaus Schultze 1983/84 aus Backsteinen schuf.

Blick von der Winthirstraße auf den Platz heute

1.36 Kaufhof

Heute beherrscht der 1977-1979 erbaute Kaufhof den Rotkreuzplatz. Die Architekten Reinhold Klüser, Harald Dietrich und Partner entwarfen den Bau in der damals beliebten Bunkeroptik. Drei vollverglaste Treppentürme unterbrechen in den Gebäudeecken den massiven Baukörper, der münchentypisch mit Backsteinen verkleidet ist (eine Reminiszenz an die reichen Ziegelgründe im Münchner Osten, mit denen die Stadt gebaut wurde).

1.37 Kriegerdenkmal

So einen Pomp hatte Neuhausen noch nie erlebt: Mehrere Vertreter des bayerischen Königshauses gaben sich an jenem 29. Juli 1888 die Ehre, zwölf Musikkorps spielten auf, 78 Vereine rückten mit ihren Fahnen an und mehrere Kompanien Soldaten standen Spalier. Von der ehemaligen Burgfriedengrenze an der Maillingerstraße über die Nymphenburger Straße bis zum Schlosskanal, dann zurück durch die Winthirstraße zum Rotkreuzplatz führte der Festzug. Rund 15 000 Zuschauer verfolgten das Spektakel – und alles wegen der Einweihung eines Kriegerdenkmals. Das Denkmal zu Ehren der im Deutsch-Französischen Krieg (1870/71) Gefallenen, geschaffen von dem Bildhauer Anton Kaindl, war durch Benefizveranstaltungen und Lotterien finanziert worden. Das Grundstück vor dem Jagdschloss hatte Prinzregent Luitpold gestiftet (wofür sich die Neuhauser bedankten, indem sie ihm drei Monate später eine Büste aufstellten).

Das Kriegerdenkmal 1890

1.38 Das alte Jagdschloss

siehe S. 38

1.39 Rotkreuzkrankenhaus

Platzprobleme gehörten bei der 1872 gegründeten Pflegerinnenanstalt des Roten Kreuzes in der Maistraße schnell zum Alltag. Auch eine neue Anstalt in der Salvatorstraße platzte bald aus allen Nähten. Der Frauenverband des Roten Kreuzes sah sich nach einem günstigen Bauplatz für ein neues Krankenhaus um und wurde in Neuhausen fündig: das alte Jagdschloss (*siehe S. 38*) mit seiner großen Wiese. Man erwarb es 1888 und ein Jahr später noch das angrenzende Grundstück. Architekt Carl Hocheder entwarf den repräsentativen Bau, der 1892 eröffnete. Ein mutiges Unterfangen, ein Krankenhaus derart weit von der Stadt entfernt zu errichten. Doch der Zulauf brachte schnell Erweiterungsbauten mit sich. So kam der Winthirflügel hinzu, finanziert mit einem »Ewigkeitgeld« der Spatenbrauerei, die sich als Gegenleitung ausbedang, dass alle Schwestern künftig nur noch Spatenbier tranken. Die Spende einer wohlhabenden Patientin wurde für ein neues Wöchnerinnenheim verwendet und 1906 kam noch das Schwesternaltersheim an der Nymphenburger Straße hinzu. Eine großzügige Stiftung der Oberin Clementine von Wallmenich ermöglichte einen weiteren Ausbau. Am 7. Januar 1945 legten Fliegerbomben das Krankenhaus in Schutt und Asche. Den Schwestern war es zum Glück gelungen, alle Patienten rechtzeitig in Sicherheit zu bringen.

Der Wiederaufbau lag in den Händen von Architekt Bruno Biehler. 1951 konnte der erste Bauabschnitt, das Haupthaus an der Nymphenburger Straße, eröffnet werden. In den Folgejahren kamen das Schwesternhaus, der Gartentrakt mit Operationssaal, Laboren und neuen Krankenzimmern hinzu, dann Wirtschaftsgebäude und Erweiterungsbauten. Den Abschluss bildete 1967 die Einweihung des markanten Hochhauses, das heute das Wahrzeichen Neuhausens ist. In den 16 Stockwerken kamen die Schwesternschule mit Unterrichtsräumen, das Nähzimmer, Verwaltung, das Schwesternaltersheim und die Schwesternkrankenstation unter, dazu 180 Wohnheimplätze.

Das Rotkreuzkrankenhaus wurde ab 1993 in mehreren Abschnitten für 89 Mio. Euro generalsaniert. Seit 2006 ist das Klinikum zusammen mit der Frauenklinik in der Taxisstraße eine gemeinnützige Klinikgesellschaft, die Rotkreuzklinikum München gGmbH. Die Rotkreuzklinik mit ihren 280 Betten ist heute eines der Lehrkrankenhäuser der TUM.

Zwei historische Postkarten vom Rotkreuzkrankenhaus. Oben das Hauptgebäude, unten erkennt man gut das alte Jagdschloss im Vordergrund

Das alte Jagdschloss

Das Jagdschloss vom Rotkreuzplatz aus gesehen (1895)

Einen Adelssitz muss es bereits im 12. Jh. in Neuhausen gegeben haben. Gerne wird bis heute die Geschichte von Johann Neuhauser (gest. 1516) kolportiert: Johann sei der uneheliche Sohn von Herzog Albrecht III. und seiner Mätresse aus dem Patrizier-Hause Ligsalz, der auf dem Edelsitz in Neuhausen das Licht der Welt erblickt habe. Später machte Neuhauser steile Karriere und übte zuletzt als bayerischer Kanzler faktisch die Regierungsgeschäfte aus. Die Karriere ist wahr und belegbar, die Herkunft hingegen ist frei erfunden. Johann Neuhauser stammt dem Wappen nach aus dem Geschlecht der Neuhauser zu Rutting/Vils.

Der Edelsitz blieb lange in der Hand reicher Münchner Bürgerfamilien. 1598 gewährte Herzog Wilhelm V. dem geheimen Rat und Hofkanzler Johannes Gailkircher, der das Schloss erworben hatte, das Hofmarkrecht. Damit wurde Gailkircher in den Adelsstand erhoben und bekam die niedere Gerichtbarkeit für seine vier Anwesen, die er in Neuhausen besaß. Durch Erbschaften und Verkäufe ging der Edelsitz im 17. Jh. durch mehrere Hände, die Schweden brannten das Anwesen 1632 gar nieder. 1705 erwarb das Augustinerkloster München das Schloss. Zehn Jahre später kaufte es Kurfürst Max Emanuel für 15 000 Gulden und machte daraus sein Jagdschloss. Ein idealer Ausgangspunkt für ausgiebige Parforcejagden, denn hier begannen die fürstlichen Jagdgründe, die sich bis zur Würm und im Norden bis nach Schleißheim hinzogen. Ein Kommandant, ein Vizekommandant, drei berittene Piqueure, ein berittener und zwei unberittene Besuchsknechte, zehn Hundeburschen, neun Pferdeknechte und ein Schmied lebten 1752 hier – und außerdem 29 Pferde, 100 Hirschhunde, 40 Wildbret- und 20 Leithunde. Doch im frühen 19. Jh. endete die große Zeit der eleganten Jagdgesellschaften in Neuhausen. Parforce war nicht mehr comme il faut. Den Neuhauser Bauern konnte es nur recht sein, denn sie mussten den hohen Herrschaften als unbezahlte Treiber dienen und hatten durch Wildbiss oder rücksichtsloses Querfeldeinreiten stets Ernteausfälle zu beklagen. 1848 ging das Jagdrecht an die Landgemeinde Neuhausen über. 1888 erwarb der Frauenverein vom Roten Kreuz das Schloss und kurz danach ein benachbartes Grundstück, um hier ein Krankenhaus zu bauen.

Das Neuhauser Jagdschloss wurde im Zweiten Weltkrieg zerstört.

Das Fresko an der Schlossfassade zeigte eine Münchner Jagdgesellschaft (Aquarell-Kopie, ca. 1870)

Das Neuhauser Jagdschloss, Gemälde von C. Adam Kunz, 1798

1 Neuhausen

Die Winthirkirche 1910

1.40 Winthirkirche

Erstmalig wurde eine Kirche in Neuhausen am 18. Januar 1249 erwähnt. Ob es sich dabei um diese Winthirkirche handelte, ist zwar nicht überliefert, liegt aber nahe. Die ältesten noch erhaltenen Teile der heutigen Kirche stammen aus spätgotischer Zeit. Bei einem Umbau 1597 integrierte man das Grab des Wanderpredigers Winthir in den Kirchenraum, seitdem nennt man im Volksmund das eigentlich dem hl. Nikolaus geweihte Gotteshaus »Winthirkirche«. Wie viele andere Kirchen wurde auch diese später barockisiert. Der große Dorfbrand von 1794 zerstörte die Kirche weitgehend. Beim Neubau gab man sich offenbar keine große Mühe, denn schon knapp 60 Jahre später, 1861, musste die Kirche wegen Baufälligkeit geschlossen werden. Elf Jahre später, als der sanierte und in Teilen neu errichtete Kirchenbau in neuem Glanz erstrahlte, übertrug man das Patronizium vom hl. Nikolaus auf Mariä Empfängnis. Bis 1882 wurde Neuhausen seelsorgerisch von der Pfarrei Sendling betreut, das änderte sich 1882, als die Pfarrei Mariä Himmelfahrt selbstständig wurde. Und wieder ging es dem Gebäude an die Substanz: Am 6. August 1931 stürzte der Turm ein. Man baute die Kirche 1933 nach Plänen von Richard Berndl verkleinert wieder auf. Seit 1970 heißt die Kirche offiziell Winthirkirche. Die Kirche steht im Winthirfriedhof, der 1315 erstmals erwähnt wurde. Auf dem kleinen Friedhof mit seinen 180 Grabplätzen wird heute nur beerdigt, wer mindestens 30 Jahre in einem Neuhauser Stadtbezirk gelebt hat oder Prominente, die sich um die Stadt München verdient gemacht haben.

Berühmte Tote:

Karl Baur, *Bildhauer*
Fritz Betzwieser, *Stadtpfarrer von Neuhausen*
Franz Anton Bustelli, *Porzellankünstler*
Peter Dörfler, *Priester (»Viecherlpfarrer«) und Dichter*
Lorenz Hauser, *»Millionenbauer«*
Jörg Hube, *Schauspieler*
Hans Ladner, *Bildhauer*
Ferdinand von Miller, *Erzgießer*
Oskar von Miller, *Begründer des Dt. Museums*
Walther von Miller, *Lokalpolitiker*
Erna Morena, *Schauspielerin*
Fritz Norkauer, *Architekt*
Fritz Rieger, *Dirigent*
Joseph Anton Sambuga, *Theologe, Erzieher Ludwigs I.*
Ruth Schaumann, *Künstlerin und Schriftstellerin*
Josef Schmidhuber, *Chorleiter und Organist*
Siegfried Sommer, *Schriftsteller und Journalist*
Johann Baptist Stiglmaier, *Erzgießer und Bildhauer*
Hermann Teuber, *Maler und Graphiker*
Winthir, *Wanderprediger (vermutlich)*

S' Geld muaß unter d'Leit!

1.41 Der Bauer als Millionär

Der Strohmaierhof, Winthirstraße 4 (1910)

Wo heute das Postamt steht, befand sich einst der Strohmaierhof. Hier wurde 1869 Lorenz Hauser geboren – da er als Zweitgeborener keine Aussicht auf das Hoferbe hatte, ging »Lenz« nach Lenggries und lernte das Metzgerhandwerk. Doch als er 19 Jahre alt war, starb überraschend der ältere Bruder Georg und Lenz erbte den Hof in Neuhausen. Das Dorf hatte sich längst zu einem Vorort von München entwickelt, auf einst landwirtschaftlichen Flächen wurden große Wohnanlagen und Fabriken hochgezogen. Und viele dieser Flächen gehörten zum Strohmeierhof. Die Grundstückpreise zogen noch einmal kräftig an, als Neuhausen 1890 von München eingemeindet wurde. Lenz Hauser schwamm bereits in Geld, war Multimillionär, doch man kann ja nie genug haben. Also hielt er große Ackerflächen so lange vom Markt zurück, bis ihr Wert weiter gestiegen war. Der junge Hauser galt bald als der reichste Bauer Oberbayerns. Lenz Hauser gewöhnte sich schnell einen entsprechenden Lebensstil an, er züchtete edle Rennpferde, beglückte zahlreiche Damen und prasste gerne mit seinen Kumpanen. Die »Gang« war berüchtigt dafür, ganze Wirtshäuser kurz und klein zu schlagen. Strafen zahlte Lenz aus der Portokasse. Gelegentlich fand sich angesichts seiner Vorstrafen aber kein milder Richter, doch der Hauser hatte keine Probleme damit, ab und an ins Gefängnis zu gehen.

»S' Geld muaß unter d'Leit!«, war Hausers Motto und er zeigte sich sehr generös. Nicht nur seiner Verwandtschaft und seinen unehelichen Kindern gegenüber. So galt er als heiß begehrter Firmpate, da er seinen Firmlingen eine goldene Uhr schenkte. Und wenn mal kein Streichholz zur Hand war, zündete er seine Zigarren mit einem Hundertmarkschein an. Heute ein Kinoklischee, damals ein dekadente Ungeheuerlichkeit. Zudem ging der Millionenbauer auf Weltreisen, er besuchte Ceylon, Thailand und Japan, weilte in Ägypten, auf Hawaii und in den USA. Damit die Lieben zu Hause auch ordentlich grün vor Neid wurden, beglückte er halb München mit Postkarten aus der Ferne.

Lenz Hauser (1902)

Im Alter von 28 Jahren ließ sich Lenz dann ein Jagdschloss auf einem 50 000 m² großen Grundstück in Allach errichten – eine beinahe an die Bauten Ludwigs II. erinnernde Burg mit Turm, Wehrgängen, Zinnen und allem, was man damals in romantischer Mittelalterverklärung für angesagt hielt. Auch im Inneren sparte Hauser nicht an Prunk und Pomp. Das Hauser-Schloss in Allach ist heute noch weitgehend original erhalten, es dient seit 1955 als Gästehaus des MAN-Konzerns.

Zwischen 1918 und 1920 wütete die Spanische Grippe und forderte weltweit ca. 50 Millionen Opfer. Unter ihnen der 50-jährige Lorenz Hauser. Er starb am 15. Juli 1918. Um das enorme Vermögen entstand sofort ein erbitterter Rechtsstreit. Die Anwaltskosten und die Hyperinflation von 1920 bis 1923 fraßen den Reichtum auf. Lorenz Hausers Grab auf dem Winthirfriedhof wird bis heute von MAN-Lehrlingen gepflegt.

Der abgelehnte Entwurf für die Neugestaltung der Jugendherberge

1.42 Jugendherberge

Zwei Weltpremieren in Neuhausen: In der Wendl-Dietrich-Straße 20 eröffnete am 20. Dezember 1926 nicht nur die allererste innerstädtische Jugendherberge der Welt, sondern auch gleich noch die größte. Das fünfstöckige Gebäude im neoklassizistischen Stil entwarf Architekt Max Fleisser. Damals gab es für 250 Übernachtungsgäste Stockbetten in 14 Sälen sowie ein Bettenlager mit weiteren 200 Plätzen. Nach dem Krieg diente das Gebäude eine Zeit lang den »Railroad Boys« (US-Militär-Bahnpolizei) als Unterkunft. Bis 1998 stand in großen Lettern »Der deutschen Jugend« an der Fassade. Zuletzt zählte man rund 60 000 Übernachtungen pro Jahr. Seit 2018 ist die Jugendherberge geschlossen und wird umfangreich saniert. Man wolle weg vom »verstaubten Früchtetee-Image«, so Architekt Wolfram Putz, der mit seinem Team vom Berliner Büro Graft den Umbau ausführt. Die ursprünglichen Pläne, die ein großzügiges, spektakuläres Foyer über zwei Stockwerke vorsahen, scheiterten (wie üblich) an mangelndem Mut und dem münchentypischen Kleinklein in der Stadtgestaltungskommission. Die Jugendherberge soll im ersten Quartal 2021 wieder eröffnen.

Die Jugendherberge in den 1930ern

1.43 Winthirsäule

siehe S. 43

In der Karl-Schurz-Straße

1.44–1.47 Siedlung Neuhausen

siehe S. 46

1.48 Winthirschule

Weil die Hirschbergschule *(siehe 1.15)* schon kurz nach der Eröffnung völlig überbelegt war, musste schnell ein weiterer Schulbau her. Architekt Robert Rehlen entwarf den Neubau am Winthirplatz, die damals die größte der drei evangelischen Schulen Münchens war. Die Bekenntnisschule wurde erst 1968 per Volksentscheid in Bayern abgeschafft. Wie bei der Nachbarschule legte man Wert auf modernste Ausstattung mit Brausebad, Schulküche, Schülerwerkstätten, Zeichen- und Naturkundesaal sowie Chemie- und Physikräumen. Bei der Eröffnung besuchten bereits 1500 Kinder die Schule, ein Jahr später 1730 – bis zu 50 Kinder in einer Klasse. Nun

Winthir und seine Säule

Lavierte Bleistiftzeichnung der Winthirsäule um 1850

Vermutlich handelt es sich bei der stark verwitterten (»Winthir«-) Säule, die heute auf der Südseite des Winhtirplatzes steht, um einen Markstein aus dem 15. Jh. Sie trug lange die Aufschrift: »Dem Andenken des Seligen Winthirs, welcher vorher Säumer, nachmals ein Verkünder des Wort Gottes in dieser Gegend gewesen war, weshalb die Tafel von der Gemeinde Neuhausen errichtet wurde, 1873« Historisch ist Winthir nicht belegt. Sein Name deutet auf iroschottische Abstammung hin, jedoch gab es den Namen auch im Althochdeutschen (bedeutet »Freund im Kampf«), und im süddeutschen Raum war im 7. und 8. Jh. der Name Winithar weit verbreitet gewesen. Nach Volksüberlieferungen soll Winthir um das Jahr 800 aus England gekommen sein, um nach Jerusalem zu pilgern. Seinen Lebensunterhalt habe er sich als Salzsäumer mit seinem Maultier verdient. Er soll sich in Neuhausen niedergelassen haben und den Einheimischen das Christentum gepredigt haben. Die Legende berichtet, dass Neuhausen von Unwettern und Viehseuchen verschont blieb, solange Winthir dort lebte. In der von Matthäus Rader Anfang des 17. Jh. verfassten *Bavaria Sancta* ist die Lebensgeschichte Winthirs erstmals niedergeschrieben worden, daher ist zweifelhaft, wie alt die Geschichte wirklich ist. Zumal Neuhausen jahrhundertelang zur Pfarrci Sondling gehörte und in den Sendlinger Kirchenbüchern nie ein Winthir erwähnt wird.

Winthir-Darstellung aus dem 18. Jh.

Winthir soll nach seinem Tod unter einer Linde begraben worden sein. Und siehe da: 1739 ließ das Freisinger Ordinariat bei Nacht und Nebel heimlich Grabungen in der Kirche durchführen. Am rechten Seitenaltar fand man menschliche Gebeine! Diese kamen in eine Holzkiste und wurden am Fundort wieder begraben. Als 1931 der Turm der Winthirkirche einstürzte, fand man bei den Bauarbeiten unter der Kirche ein männliches Skelett und einen Baumstumpf. Der Tote soll ca. 1,75 m groß gewesen sein (nach anderen Quellen gar 1,92 m). Ob es dieselben Gebeine waren, die man schon 1739 geborgen hatte, ist völlig unklar. Die Knochen legte man in einen Holzsarg und bestattete sie an der Fundstelle erneut, darüber kam eine Grabplatte mit den Worten »Ossa beati Winthirii« (Die Knochen des seligen Winthir). Da beide Grabungen nicht richtig dokumentiert wurden, gibt es keinerlei Belege, dass die Winthir-Legende stimmt. Doch für die Neuhauser war damit die Legende bestätigt.

Die Winthirsäule heute

Die Winthirschule 1912

endete die Koedukation, Buben und Mädchen bekamen eigene Räume und getrennte Eingänge. Im Volksmund nannte man die Schule die »Neuhauser Pinakothek«, weil der damalige Rektor Karl Freytag in den Gängen mehr als 200 seiner Gemälde aufgehängt hatte. Das Gebäude überstand den Zweiten Weltkrieg unbeschadet. Von 1946 bis 1961 war das Städtische Mädchen-Realgymnasium zu Gast im Haus. Die Bronzestatue des Namenspatrons Winthir, ein Werk des Künstlerehepaars Hans Vogl und Zenta Vogl-Zizler, vor dem Eingang wurde 1984 enthüllt. Heute ist die Winthirschule eine Grund- und Mittelschule mit einem breitgefächerten Angebot für die Schüler, die aus 40 Nationen kommen.
Berühmtester Schüler übrigens: Der Medizin-Nobelpreisträger Feodor Lynen, 1964 ausgezeichnet zusammen mit Konrad Bloch für »ihre Entdeckungen über den Mechanismus und Regulation des Stoffwechsels von Cholesterin und Fettsäuren«.

1.49 Renataheim

Gut gemeint, aber falsch – 1998 wurde an der neu gebauten Wohnanlage Jagd-/Ecke Renatastraße ein Gedenkstein aufgestellt: »Hier stand seit 1930 das Jüdische Altenwohnheim Renataheim.« Das ist falsch. Das Renataheim war nie ein jüdisches Altenheim. Auf dem Grundstück stand einst das Ökonomiegebäude des kgl. Majors Maximilian von Lutz, der hier 1887 eine Reitschule errichtete. Seine Erben wandelten 1923 das Gelände in einen Garagenhof um. 1930 wurde dann von der Bayerischen Wohnstätten AG das Renataheim gebaut (Architekt: Gustav Ludwig), eine »Heimstätte«, wie es in dem Werbeprospekt hieß, in der »Angehörige des gebildeten Mittelstands ohne Rücksicht auf Geschlecht, Alter und Konfession Unterkunft« fanden. Bei der Eröffnung lebten 50 Bewohner im Heim. 1936 kaufte das Deutsche Reich das Anwesen und brachte dort das Wehrmachtsfürsorge- und Verwaltungsamt sowie die Heeresstandortkasse unter. Nach dem Krieg nutzten die Amerikaner das Haus unter dem neuen Namen »Columbia Hotel« als Army Recreation Center bis 1985. Danach stand das Haus lange leer, verschiedene Nutzungskonzepte scheiterten. 1989 folgte der Abbruch. 1996 ließ der Freistaat Bayern die jetzige Wohnanlage bauen. Der Gedenkstein ist inzwischen auf Betreiben der Geschichtswerkstatt Neuhausen entfernt worden.

Haupteingang des Renataheims

Gartenfront (o.) und Kasinogebäude (u.)

Postkarte von 1910

1.50 Lachnerklinik

Wohnen in einer ehemaligen Klinik: An der Architektur des Gebäudes an der Ecke Aiblinger-/Lachnerstraße lässt sich noch erkennen, dass es nicht als Wohnhaus errichtet wurde. 1903 gründete Oberin Ottilie Ley mit den Schwestern vom Blauen Kreuz das erste Säuglingsheim Süddeutschlands in einer Privatwohnung in Haidhausen. Vier-Jahre später erwarb der Verein Säuglingsheime München das Grundstück in Neuhausen. Nach zwei weiteren Jahren Bauzeit konnte 1909 das neobarock gestaltete Heim mit integrierter Pflegerinnenschule von zwölf Müttern und 75 Säuglingen bezogen werden. Die für die Zeit hochmoderne, großzügige Klinik (so kamen erstmals Glastrennwände zum Einsatz) stieß weltweit auf großes Interesse und diente als Vorbild für viele Pflegeheim- und Krankenhausbauten. Weil das Heim immer wieder in finanzielle Bedrängnis geriet, organisierten Wohltäterinnen am 3. Februar 1925 erstmals den Chrysanthemenball, bei dem die stolze Spendensumme von 25 000 Reichsmark zusammenkamen. Der Chrysanthemenball ist heute das älteste Wohltätigkeitsfest Münchens. Inzwischen nannten sich die Schwestern nicht mehr vom Blauen Kreuz, sondern seit 1923 Benediktusschwestern.

Die Nazis vertrieben die Schwestern und benannten das Heim nun in Säuglingsklinik. In den Kriegsjahren zerstörten Bomben Teile des Gebäudes, die Kinder wurden evakuiert und man brachte Flüchtlinge und Kriegsversehrte in den Beinaheruinen unter. Nach dem Krieg kehrten die Benediktusschwestern zurück und gewannen den renommierten Kinderarzt Dr. Julius Spanier als neuen Chefarzt. Spanier und seine Frau gehörten zu den wenigen Münchner Juden, die den Holocaust im KZ Theresienstadt überlebt hatten – und trotzdem wieder nach München zogen. Spanier blieb bis 1955 Leiter der Kinderklinik. Ein neuer Anbau bracht ab 1962 Platz für 90 weitere Betten, das Krankenhaus wurde in die Abteilungen Kinderchirurgie und Pädiatrie aufgeteilt. 1970 übernahmen die Solanus Schwestern das Heim. 1995 ging die Trägerschaft über an die Schwesternschaft der Krankenfürsorge des Dritten Ordens. Inzwischen entsprach die Lachnerklinik längst nicht mehr den modernen Anforderungen, eine Sanierung wurde als unwirtschaftlich angesehen. Auf dem Gelände des Krankenhauses Dritter Orden entstand ein Neubau, der 2002 den Betrieb aufnahm. Aus der ehemaligen Klinik an der Lachnerstraße sollte dann ein Kinderhaus für pflegebedürftige Kinder mit chronischen Atemwegserkrankungen werden. Auch diese Pläne ließen sich nicht realisieren. Das Haus »AtemReich« wurde neben der neuen Kinderklinik des Dritten Ordens an der Franz-Schrank-Straße neu gebaut. Inzwischen ist das ehemalige Säuglingsheim zu einem Wohnhaus umgebaut.

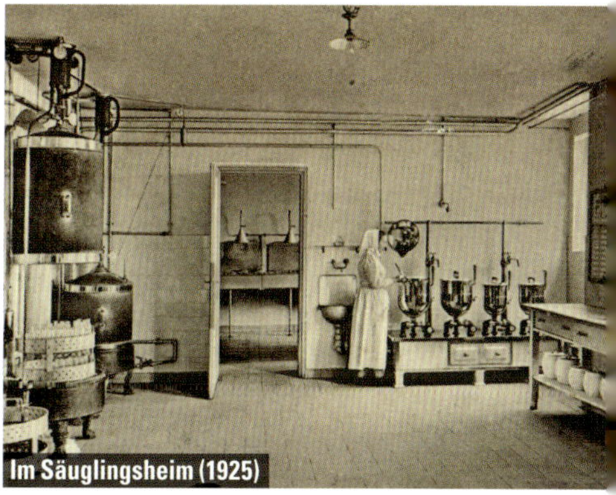
Im Säuglingsheim (1925)

1.51 Heim für blinde Frauen

Südlich des Blindenheims (*siehe 1.53*) liegt an der Winthirstraße 20 das Heim für blinde Frauen. 1856 wurde die Stiftung Versorgungsanstalt für ehemalige weibliche Zöglinge der Landesblindenanstalt gegründet, um die Betreuung und Versorgung der Mädchen sicherzustellen. Das Heim kam in einem ehemaligen Gutshof unter, der im Zweiten Weltkrieg komplett zerstört wurde. Der Neubau, ein Wohnheim mit 63 Plätzen, konnte 1954 eingeweiht werden. Da längst nicht mehr »weibliche Zöglinge« Betreuung beanspruchten, sondern vor allem im Alter Erblindete, nicht selten pflegebedürftig, mussten in den folgenden Jahrzehnten umfangreiche Um- und Erweiterungsbaumaßnahmen durchgeführt werden, die 1995 abgeschlossen wurden. Das Haus bietet seitdem 89 Plätze. Seit 2017 nimmt man auch Männer auf.

Siedlung Neuhausen

Die Siedlung Neuhausen 1931, rechts im Bild der Sportplatz des Postvereins

Als eine der ersten Arbeiter-Großsiedlungen der neu gegründeten GEWOFAG (Gemeinnützige Wohnungsfürsorge AG München) entstand zwischen 1928 und 1931 die Siedlung Neuhausen nach einem Konzept von Hans Döllgast. In nur zwei Jahren Bauzeit waren 1 900 Wohnungen mit unterschiedlichen Grundflächen von 58 bis 114 m², alle mit Bädern ausgestattet – damals immer noch luxuriös –, sowie 33 Geschäfte und vier Gaststätten fertig. Alle Gebäude wurden zwar betont schlicht gehalten, doch durch die künstlerische Vielfalt im Entwurf der einzelnen Häuser konnte eine gesichtslose Siedlung vermieden werden. Die Blöcke wurden von verschiedenen Architekten wie u. a. Otho Orlando Kurz, Gustav Gsaenger, Uli Seeck, Martin Mendler individuell entworfen und mit Kunst am Bau geschmückt. Dass das ganze Ensemble zwischen Arnulf- und Nibelungenstraße, Steuben- und Winthirplatz eine Fülle an öffentlicher Kunst bieten sollte, die ursprünglichen Fresken von Sepp Frank sind heute nicht mehr erhalten, gehörte zum Gesamtkonzept. Mehr noch: Hier sollten Künstler und Kunsthandwerker leben und arbeiten. Im südlichen Teil der Siedlung befindet sich der von Uli Seeck entworfene Künstlerhof, der durch einstöckige, nach Norden ausgerichtete Ateliers begrenzt wird.

Zuletzt vollendete man am westlichen Rand den »Amerikanerblock«, der seinen Namen den Krediten aus den Vereinigten Staaten verdankt. Der damalige Oberbürgermeister Karl Scharnagl hatte die Finanzierung mit amerikanischen Geldgebern abgesichert und im Gegenzug die Plätze und Straßen in der Nähe amerikafreundlich benannt: Steubenplatz (Friedrich Wilhelm von Steuben war preußischer Offizier und später US-amerikanischer General), Karl-Schurz-Straße (Schurz war der erste Deutschstämmige, der Mitglied des amerikanischen Senats wurde) und Washingtonstraße (nach dem ersten amerikanischen Präsidenten). Der Amerikanerblock mit seinen an den Ecken herumgeführten Balkonen stammt von Otho Orlando Kurz und Eduard Her-

Der »Amerikanerblock«

Kerzengerade: der Block an der Wendl-Dietrich-Straße

Ateliergebäude im Künstlerhof

bert. Er ist fünfgeschossig und damit höher als die anderen Gebäude. Er steht als wichtiges Werk der Neuen Sachlichkeit unter Denkmalschutz, die gesamte Siedlung unter Ensembleschutz.
Auch verschiedene Brunnen und Skulpturen gehören zum Gestaltungskonzept der Siedlung. So der Brunnen im Künstlerhof, der Brunnen *Knabe auf Waller* von Ferdinand Liebermann oder das Denkmal für Prinzregent Luitpold von Wilhelm von Rümann.

1.45 Prinzregent

Weil Prinzregent Luitpold für das Neuhauser Kriegerdenkmal das Grundstück vor dem Jagdschloss gestiftet hatte (*siehe S. 33*), bedankten sich die Neuhauser, indem sie ihm im Oktober 1888 eine Büste aufstellten. Die Büste befand sich ursprünglich am Rotkreuzplatz, heute ist sie am Schäringerplatz.

1.46 Storchenbrunnen

Die drei bronzenen Störche auf dem Platz vor dem Künstlerhof schuf Emil Manz 1929.

1.47 Knabe auf Waller

Den Brunnen mit der Bronzefigur eines Knaben, der auf einem Waller reitet, gestaltete Ferdinand Liebermann 1931 (Wendl-Dietrich-Straße 70).

Die ehemalige Festhalle als Notkirche (o.)

Neben der Notkirche stand bis 1904 das Haus des Gerichtsdieners (Foto von 1900)

1.52 Herz Jesu Kirche

Gegen Ende des 19. Jh. bot die alte Winthirkirche längst nicht mehr genug Platz für die vielen Neu-Neuhauser. Eine weitere Kirche war dringend nötig, im April 1889 gründete sich ein Kirchenbauverein. Dank der großzügigen Grundstück-Stiftung der Ökonomenwitwe Kreszenz Drexler gab es bald an der Lachnerstraße einen Bauplatz. Noch fehlte aber das Geld für einen richtigen Kirchenbau. Also kaufte man die Festhalle des VII. Deutschen Turnfests, die seit 1888 auf der Theresienwiese stand, ließ sie abtragen und durch den Architekten Johann Marggraff an der Lachnerstraße ab November 1889 zur Notkirche umbauen. Die Weihe erfolgte am 12. Oktober 1890 auf das Patrozinium »Herz Jesu«, wobei die Pfarrei selbst »Mariä Himmelfahrt« hieß. Seit 1936 ist auch die Pfarrei offiziell »Herz Jesu«. Kriegsbomben zerstörten die Kirche beinahe komplett. Von 1948 bis 1951 erbaute der Architekt Friedrich Haindl eine neue »Notkirche«. Diesmal verbaute man Teile des ehemaligen Kino- und Theatersaals der SS-Wachmannschaften vom Obersalzberg. Hier fanden bis zu 1 200 Gottesdienstbesucher Platz. Die 1953 installierte Orgel von Walker (Ludwigsburg) war seinerzeit die zweitgrößte Orgel Münchens. Doch auch dieser in weiten Teilen hölzerne Bau fiel einer Katastrophe zum Opfer. In der Nacht vom 25. auf 26. November 1994 brannte die Kirche komplett nieder. Dank zahlreicher Spenden konnten Pläne für die dritte Herz Jesu Kirche angegangen werden. Diesmal mit spektakulärer Architektur: Das Büro Allmann Sattler Wappner errichtete von 1997 bis 2000 ein Raum-in-Raum-Konzept, bei dem ein transluzenter Glaskubus den eigentlichen, hölzernen Kirchenraum umhüllt. Der hölzerne Kubus besteht aus 2 000 senkrecht stehenden Lamellen, die das Licht filtern. Direkt über dem Eingang befindet sich die Orgel aus der Werkstatt von Gerald Woehl (2004 gefertigt). Das Hauptportal setzt sich aus 432 blauen Glasfeldern zusammen, auf denen der Text der Johannespassion in einem stilisierten, von Alexander Beleschenko eigens entwickelten Nagelalphabet wiedergegeben ist. Das riesige zweiflügelige Portal – eines der größten Kirchentore der Welt – lässt sich komplett öffnen, was allerdings nur an hohen Feiertagen geschieht.

Das Herz Jesu Pfarrhaus

1.53 Blindenheim/Maria-Ludwig-Ferdinand-Schule

1881 eröffnete der St. Marien-Verein in der Romanstraße 12 ein Asyl für Kinder im Alter von zwei bis zwölf Jahren. Ab 1884 bis 1987 betreuten die Franziskanerinnen von Maria Stern (Augsburg) das Heim. Als engagierte Förderer erwiesen sich der Chirurg und Gynäkologe Prinz Ludwig Ferdinand von Bayern und seine Gemahlin Maria de la Paz, daher der heutige Name. Das Gebäude im neobarocken Stil mit der integrierten Kapelle gestaltete der Architekt Emanuel von Seidl 1890 bis 1892, ein Erweiterungsbau kam 1928 hinzu. Von 1915 bis zu seinem Tod 1955 leitete der Theologe und Dichter Peter Dörfler das Heim. Dörfler liegt auf dem Neuhauser Friedhof begraben, wo man ihm zu Ehren ein Brünnlein errichtet hat. Der Nutzungswandel vollzog sich 1985, als sich im südlichen Teil zur Winthirstraße hin die Blindeninstitutsstiftung Würzburg mit dem Blindenobsorgeverein einmietete. Der Gebäudetrakt an der Romanstraße wurde in ein Wohnheim für Angestellte der Kinderklinik an der Lachnerstraße umgewandelt. Heute unterhält das Blindeninstitut die Ludwig-Ferdinand-Schule, 18 Tagesstätten-, 6 Internats- und 5 Heimgruppen.

Die Kalmbach-Villa, Lachnerstraße 33 (1910)

1.54 Villenkolonie Neuwittelsbach

Nachdem die Städter die Umgebung des Schlosses Nymphenburg für sich entdeckt hatten, war es nur eine Frage der Zeit, bis nicht nur vereinzelte Landhäuser auf die grüne Wiese gebaut wurden, sondern gleich eine komplette vornehme Villenkolonie. Zwischen 1883 und 1928 wurde rings um das Rondell Neuwittelsbach, südlich des Nymphenburger Kanals zwischen Renata-, Hu-

Die Villa Schiff, Renatastraße 73 (1910)

bertus-, Prinzen- und Nibelungenstraße, ein Quartier aus schmucken Villen mit Gartenstadtcharakter erbaut.

Mit dem Namen Neuwittelsbach wollte man das Haus Wittelsbach zu dessen 700-jährigem Jubiläum ehren.

1.55 Villa Hößlin

Was für eine Dienststelle! In einer hochherrschaftlichen Villa an der Romanstraße 13 residiert der Einsatzabschnitt West des Polizeipräsidiums München. Einst hatte sich Geheimrat Dr. Rudolf von Hößlin westlich der von ihm geleiteten Kuranstalt Neuwittelsbach das prächtige Anwesen bauen lassen. Architekt Friedrich von Thiersch entwarf einen Bau im Stil der italienischen Renaissance, der 208 000 Mark verschlang (entspräche heute ca. 1,38 Mio. Euro). 1903 konnte Hößlin seine Residenz beziehen. Direkt daneben ließ er ein Jahr später eine weitere Villa für seine Familie bauen (Prinzenstraße 8). 1937 kaufte das Deutsche Reich für 157 000 RM das Anwesen in der Romanstraße, ein Jahr später zog das Abschnitts-Kommando West der Münchner Schutzpolizei ein. Seitdem ist die Polizei unter verschiedenen Bezeichnungen (1945-1975: Polizeiamt West, 1975-2008: Polizeidirektion München-West) hier zu Hause.

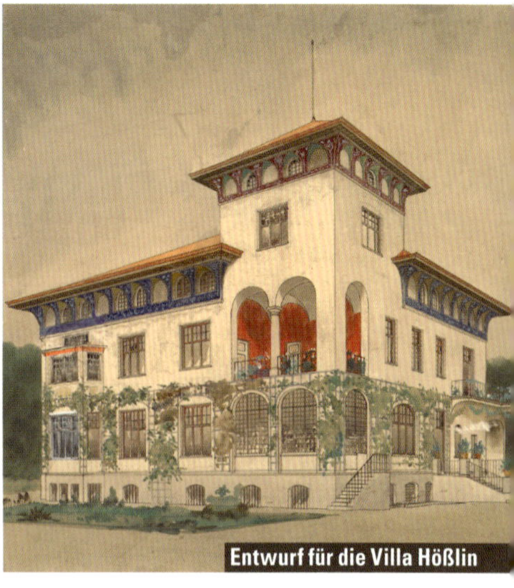

Entwurf für die Villa Hößlin

1.56 Krankenhaus Neuwittelsbach

Der heutige moderne Krankenhausbau in der Renatastraße 71a lässt nicht auf eine lange Geschichte zurückschließen, doch das Krankenhaus geht auf die 1882 eröffnete »Kaltwasserheilanstalt« zurück. Diese übernahm drei Jahre später der Neurologe Dr. Rudolf von Hößlin und wandelte sie in die Kuranstalt Neuwittelsbach für Innere Medizin und Nervenkrankheiten um. Um die Kuranstalt abzusichern, gründete Hößlin 1914 eine Stiftung.

Im Zweiten Weltkrieg zerstörten Fliegerbomben das Anwesen mit seinen 60 Krankenzimmern so stark, dass der Stiftungsrat nach Kriegsende beschloss, das Ruinengrundstück zu verkaufen. Die Kongregation der Barmherzigen Schwestern erwarb es 1947, doch für einen Neubau fehlte zunächst das Geld. Erst 1964 begannen die Planungen für das neue Krankenhaus. Das Architekturbüro Friedrich Haindl realisierte ab 1970 das Gebäude, das für 160 Betten ausgelegt war. Der Münchner Erzbischof Kardinal Döpfner weihte das Innere Krankenhaus Neuwittelsbach im Mai 1973 ein. Im ersten Jahr arbeiteten 45 Barmherzige Schwestern in Neuwittelsbach. Von 1997 bis 1999 wurde der gesamte Komplex saniert und um ein Stockwerk erhöht. Seit 2012 ist die Fachklinik für Innere Medizin ein Akademisches Lehrkrankenhaus der LMU.

1.57 Neuapostolische Kirche

Die Neuapostolische Kirche ist in München seit über 100 Jahren ansässig. Die Gemeinde München-Nord wurde 1950 in der Schulstraße gegründet. Die schlichte Kirche steht in der Montenstraße.

Die Kuranstalt im Jahr 1916

Die Kuranstalt im Jahr 1953

Die Gartenseite im Jahr 1925

Wasservogelfest 2019

1.59 Das Wasservogelfest

Vermutlich noch aus heidnischer Zeit stammt das Wasservogelfest, es sollte wohl nach der Schneeschmelze die Gewässer besänftigen, sprich Hochwasser fernhalten, und gleichzeitig genügend Regen für die Landwirtschaft heraufbeschwören. Das Wasservogelfest war vermutlich in einigen Gemeinden nordöstlich von München verbreitet, ähnlich dem Pfingstl oder Pfingstlümmel in der Oberpfalz. Bis ins Jahr 1828 feierten jedenfalls die Neuhauser (und die Moosacher) das Fest ausgiebig. Dazu wurde am Pfingstmontag von den Burschen der Wasservogel erkoren, es traf immer den, der als Letzter in die Kirche kam. Man schmückte ihn mit Birkenzweigen, Schilf, Stroh und bunten Bändern und gab ihm einen Zepter, gekrönt von einem Vogelkopf, in die Hand. Dann führte man den Wasservogel auf einem Pferd durch die Dorfstraße (heute die Winthirstraße) von Hof zu Hof, gab Lieder und Reime zum Besten und erhielt von den Bauern Eier, Schmalz, Mehl und Butter. Der Umzug endete am vor dem Dorf gelegenen Platz (heute Rotkreuzplatz), wo man den Wasservogel in die Dorflacke (die »Schwabenlacke«) warf und das Vogelkopfzepter verloste. Der glückliche Gewinner nagelte den Kopf als Schutz gegen Wetterunbilden an seinen Stadlfirst. Zuletzt trafen sich alle beim Großwirt, wo aus den gesammelten Lebensmitteln »Kiachal« gebacken wurden. Im Jahr 1828 lief das Fest allerdings so aus dem Ruder, dass es verboten wurde: Die Neuhauser Burschen wollten mit dem Wasservogel diesmal auch Ludwig I. in Schloss Nymphenburg beehren. Dem Anlass gemäß besorgten sie sich sogar Rokokokostüme. Dann mussten sie zu ihrer herben Enttäuschung feststellen, dass ihnen die Moosacher Wasservogelgruppe zuvorgekommen war. Die unausweichliche heftige, blutige Schlägerei, die erst durch Palastwachen beendet werden konnte, bewog den König dazu, das Fest fortan zu verbieten.

Im Jahr 2007 ließ die Freie Turnerschaft Gern anlässlich ihres 100-jährigen Jubiläums die Tradition wieder aufleben. Aus Ermangelung eines Dorfteichs wird nun der Wasservogel von der Gerner Brücke in den Schlosskanal geworfen und statt Lebensmitteln sammeln die Teilnehmer Spenden für die Vereinskasse. Alle zwei Jahre findet nun das neue Wasservogelfest im Juli statt, man entschied sich für die Verschiebung von Pfingsten in den Sommer, weil während der Pfingstferien viele Urlaub machen. 2013 war der Wasservogel erstmalig weiblich. Das letzte Fest war im Juli 2019.

1.58 Adlerbrunnen

Im Vorgarten des Bayerischen Kommunalen Prüfungsverbands, Renatastraße 73, steht dieser bronzene Adlerbrunnen aus dem Jahr 1899. Der Künstler ist unbekannt.

1.60 Villa Kornmann

Der Holzhändler Kommerzienrat Jakob Kornmann wollte zeigen, was er hatte. Nicht kleckern, sondern klotzen. Also ließ er sich 1924 von der Baufirma Heilmann & Littmann ein kleines Schlösschen im neobarocken Stil an der Waisenhausstraße 4 erbauen. Kornmann erfreute sich nur drei Jahre an der Luxusvilla, dann verkaufte er alles an Johann Panzer, den Pächter des Hofbräuhauses. Der veräußerte das Anwesen 1940 an die Reichspost, die dort das Amt für Wellenausbreitung unterbrachte. Seither nennen die Neuhauser die Villa »Postschlösschen«. Später war hier die Postarztpraxis, dann der Dienstsitz des Präsidenten der Oberpostdirektion, zuletzt eine Studenten-WG. 1995 kaufte die Bayerische Architektenkammer das heruntergekommene Schlösschen und sanierte es aufwendig.

1.61 Platz der Freiheit

Einst hieß der Platz Hindenburgplatz. 1946 benannte man ihn in Gedenken an die Opfer des Widerstands gegen die NS-Terrorherrschaft um. Seit 1985 steht hier ein Gedenkstein aus Granit des Bildhauers Karl Oppenrieder, der seit 1962 provisorisch auf dem Platz der Opfer des Nationalsozialismus errichtet worden war. 2016 hat der Künstler Wolfram P. Kastner 13 Stelen rund um die kleine Grünanlage aufgestellt, auf denen im Wechsel mit Porträts und Kurzbiografien an insgesamt 50 Widerständler erinnert wird.

2 Nymphenburg

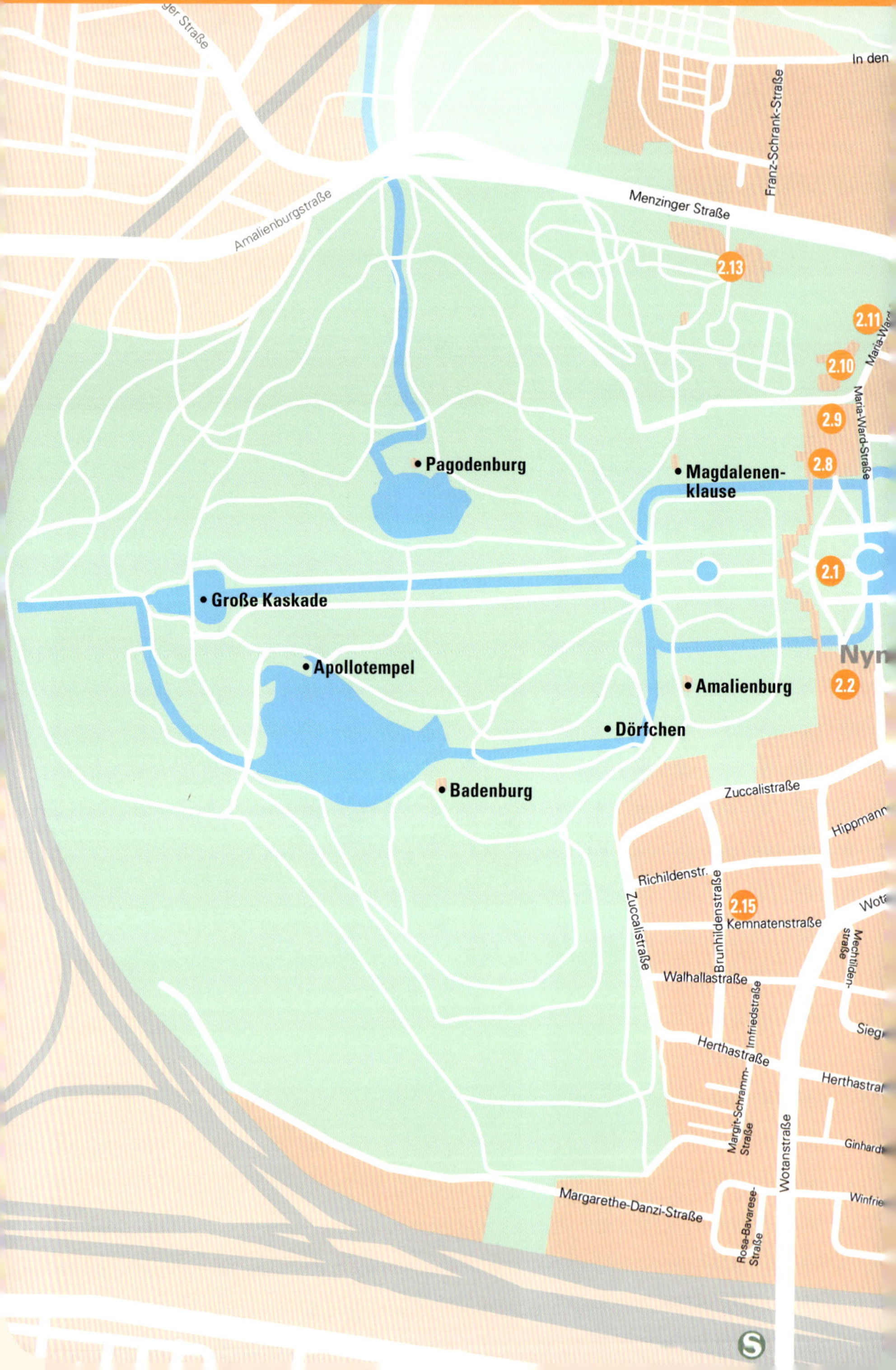

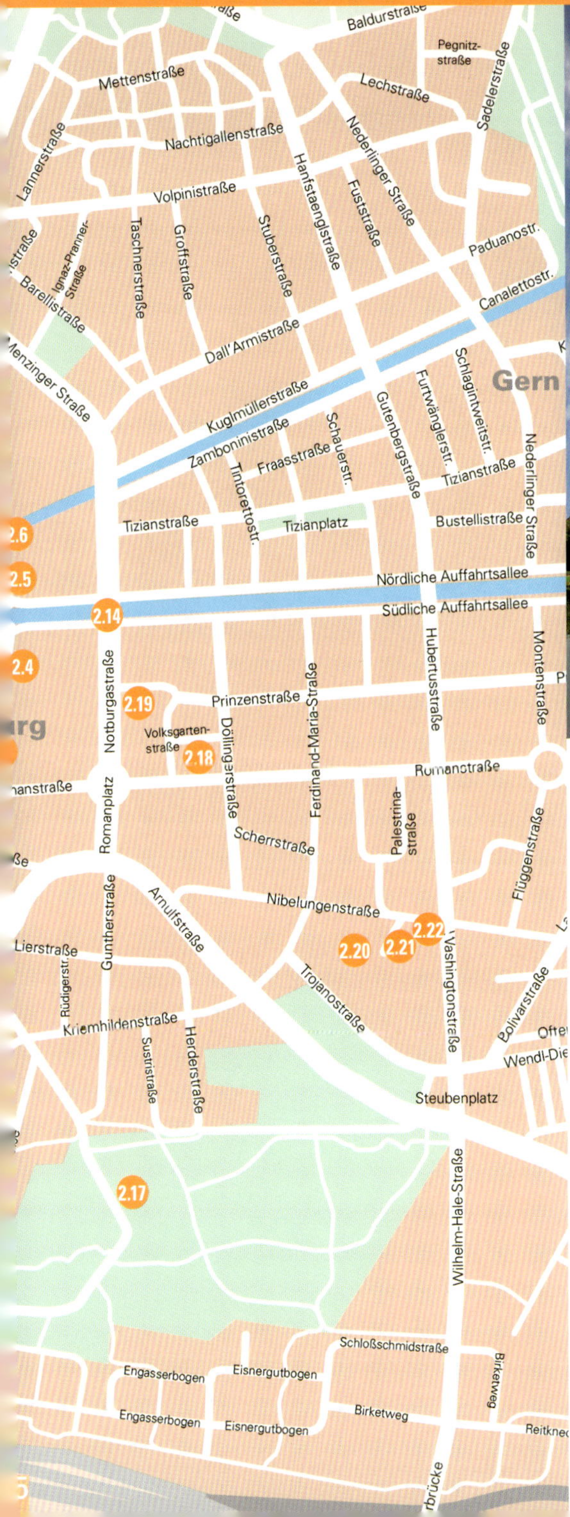

2.1 Schloss Nymphenburg

Was für ein Wochenbett-Geschenk! Ein ganzes Dorf überreichte Kurfürst Ferdinand Maria seiner Gemahlin Adelheid von Savoyen 1663 anlässlich der Geburt des Thronfolgers als Geschenk. Schon ein Jahr später begannen die Bauarbeiten für ein Schloss in dem Dörflein namens Kemnaten. Architekt Agostino Barelli und der Hofbaumeister Marx Schinnagl errichteten einen kubusförmigen Bau nach Vorbild des piemonteser Jagdschlosses La Venaria. Westlich wurde ein kleines Gartenparterre, ebenfalls im italienischen Stil, angelegt. 1688 zog Barelli weg aus München, fünf Jahre später übernahm Hofbaumeister Enrico Zuccalli die Baustelle. 1672 konnte Richtfest gefeiert werden. Nach dem Tod der Kurfürstin 1676 veränderte Zuccalli den Bau, fügte z. B. eine Freitreppe nach Osten hinzu. Der Tod Ferdinand Marias 1679 brachte alle Bauarbeiten für mehr als zwanzig Jahre zum Erliegen.

Kurfürst Max Emanuel beauftrage Zuccalli und Giovanni Antonio Viscardi 1702 mit dem Bau der beiden zweigeschossigen Arkadengalerien neben dem Hauptgebäude und der

2 Nymphenburg

Das »Ur«-Schloss auf einem Kupferstich von Michael Wening 1701, rechts die Magdalenenkapelle, die für den nördlichen Schlossflügel abgerissen wurde

Nicht realisierter Bebauungsplan für Nymphenburg von 1910, der ähnlich den Carlstadt-Plänen sternförmige Straßen vorsah

Die Carlstadt

Was man heute nicht mehr wirklich erkennt: Ursprünglich waren die beiden Auffahrtsalleen Teil der über 3 km langen Gartenanlage des Schlosses, die weit draußen vor den Toren Münchens lag – längst vorbei. Die Stadt ist ganz dicht an das Schloss herangerückt. Die Auffahrtsalleen gehören eigentlich zur Inszenierung absolutistischer Macht. Je näher man dem Schloss kam, umso prächtiger präsentierte es sich. Die beiden Alleen sind auch die einzigen Erinnerungen an die hier geplante Carlstadt, eine barocke Idealstadt, die von einem sternförmigen Alleensystem durchkreuzt werden sollte. Karl Albrecht, ab 1726 Kurfürst und ab 1742 deutscher Kaiser, wollte eine Stadt mit kleinen, symmetrisch angeordneten Häusern, bewohnt von Handwerkern, denen man den Grund schenkte, und die keine Steuern zu entrichten hatten. Jeder sollte als Bewohner willkommen sein (einzige Ausnahme: »Missethäter«), »frey Nahrung, Handel und Wandel« wären garantiert gewesen. Doch dem hoch verschuldeten Kurfürsten fehlte das Geld. Also blieb es bei den Auffahrtsalleen.

Die NS-Machthaber missbrauchten Nymphenburg als Kulisse für ihre schlüpfrige »Nacht der Amazonen« (1939)

Helene Sedlmayr aus Ludwigs Schönheitengalerie gilt als der Inbegriff der schönen Münchnerin

nördlichen und südlichen Pavillons. Viscardi gestaltete das Mittelgebäude neu, legte eine Freitreppe zum Garten an und baute die Einfahrtshalle. Viscardi war es auch, der 1713 die Schlosskapelle im zweiten nördlichen Pavillon errichtete. Mit dem neuen Hofbaumeister Joseph Effner kamen ab 1716 weitere Veränderungen. So wurde beispielsweise die Fassade im französischen Stil gestaltet, im Inneren legte Effner Appartements nach ebenfalls französischem Vorbild an.

Karl Albrecht ließ ab 1728 die Rondellbauten vor dem Schloss anlegen. Eigentlich sollten die der Ausgangspunkt zu seiner »Carlstadt« sein, doch die blieb ein Wunschtraum. In die zehn symmetrisch angeordneten Palais zogen höhere Hofbedienstete. Für Kurfürst Max III. Joseph gestaltete François Cuvilliés den über drei Stockwerke hohen »Steinernen Saal« im Hauptbau, die Fresken schuf Johann Baptist Zimmermann. Unter Kurfürst Karl Theodor wurden die Galerien zur Parkseite hin verbreitert. Die König Max I. Joseph und Ludwig I. ließen Teile des Schlosses entbarockisieren. Star-Architekt Leo von Klenze richtete im Auftrag von Max II. im Mittelbau neue Wohnräume ein. Insgesamt hat Nymphenburg mit allen Aus- und Erweiterungsbauten mit 632 m in der Nord-Süd-Achse eine größere Spannweite als Versailles.

Prunkvolles Schlafgemach in Grün

Nach der Revolution 1918 wurde das Schloss Staatseigentum, die Wittelsbacher genießen aber immer noch ein begrenztes Wohnrecht. Während der Nazizeit nutzten führende Parteibonzen die prachtvolle Schlosskulisse für ihre Sommerfeste, die »Nächte der Amazonen« mit Pferden und vielen sehr leicht bekleideten Tänzerinnen.

Heute sind noch einige Räume im ursprünglichen barocken Stil erhalten, darunter auch die Schlosskapelle im äußeren nördlichen Pavillon, der Großteil jedoch ist Rokoko oder Klassizismus. Viele Räume der ehemaligen Sommerresidenz der Wittelsbacher sind heute zu besichtigen. Die bekannteste Attraktion ist sicherlich die Schönheitengalerie im Inneren südlichen Pavillon, die Ludwig I. malen ließ. 36 stammen von Hofmaler Joseph Stieler, zwei von dessen Neffen Friedrich Dürck. Ludwig I. ließ Damen aus allen Gesellschaftsschichten porträtieren. Die bekanntesten sind die Dienstmagd Helene Sedlmayr, die als Inbegriff der schönen Münchnerin galt, und die skandalumwitterte Geliebte Ludwigs, die Tänzerin Lola Montez.

Und noch ein bisschen unnützes Wissen zu den Bewohnern: Max I. Joseph starb 1825 in Nymphenburg, zwanzig Jahre später, 1845, erblickte Ludwig II. hier das Licht der Welt. Ludwigs Bruder, der geistig verwirrte Prinz Otto, wurde von 1873 bis 1875 im südlichen Pavillon weggesperrt.

2 Nymphenburg

Nymphenburg aus der Vogelperspektive (Stich von J. A. Zisla, ca. 1730)

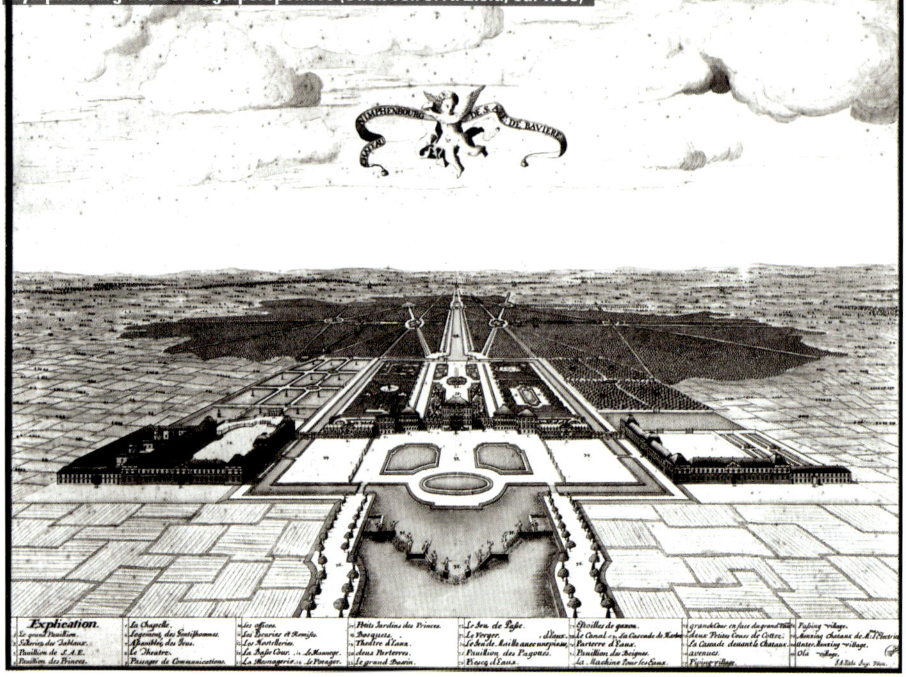

Schlosspark Nymphenburg

Der Nymphenburger Schlosspark ist ein Meisterwerk der Gartenbaukunst und eines der größten Gartenkunstwerke Deutschlands. Dabei waren die Ursprünge vergleichsweise bescheiden. Zunächst bekam das Schloss einen kleinen Garten im italienischen Stil nach dem Vorbild des piemontesischen Jagdschlosses La Venaria, dessen Architekt Amedeo Castellamonte (1613-1683) die ersten Entwürfe für Nymphenburg lieferte. Die Ausgestaltung zur üppigen barocken Anlage geschah erst unter Kurfürst Max Emanuel.

Vorbilder waren die französischen Gärten der Schlösser Vaux-le-Vicomte und Versailles. Landschaftsplaner

100 goldene Büsten von Ludwig II. im Schlosspark – Installation von Ottmar Hörl anlässlich des 173. Geburtstags des Märchenkönigs

Charles Carbonet zeichnete für die erste Erweiterung zwischen 1701 und 1704 verantwortlich. In diese Zeit fiel auch die Anlage der Wasserzufuhr über den Pasing-Nymphenburg-Kanal, die den Park mit Wasser aus der Würm versorgt. Ab 1715 erfolgte die deutlich großzügigere Ausgestaltung durch Dominique Girard und Joseph Effner. Girard legte die symmetrischen Kanäle an und gliederte den Garten durch strenge Baumreihen und Laubengänge. Das Parkgelände beschränkte sich damals nicht auf die heutigen Ausmaße: Max Emanuel ließ fast das ganze Gelände bis zum Starnberger See als Hirschjagdpark gestalten. Kurfürst Karl Theodor ließ den Park bereits 1792 für die Allgemeinheit öffnen.

Seine heutige Gestalt verdank der Park dem Landschaftsgärtner Friedrich von Sckell, der sich zwar vom strengen Barockgarten abwandte, aber einige Elemente beibehielt. 1799 begann Sckell zunächst mit der Anlage des Kronprinzengartens.

Ab 1804 erfolgte die Umgestaltung der gesamten Anlage zu einem Landschaftsgarten nach englischem Vorbild. Der – vom Mittelkanal aus gesehen – südliche Parkteil war 1807 vollendet, der nördliche wurde 1810 bis 1823 fertiggestellt. Sckell hatte es geschafft, eine gelungene Symbiose von barockem und englischem Garten zu gestalten. Der von den Münchnern so herzhaft gehasste Kurfürst Karl Theodor öffnete den Park erstmals 1792 für die Öffentlichkeit. Innerhalb der

Nymphenburg aus der Vogelperspektive (ca. 1915), im Vordergrund die Kasernen an der Dachauer Straße

Mauer hat der Park eine Größe von 180 ha, die Anlage insgesamt hat 229 ha.
Als Schutz vor Bombern bemalte man Schloss und Amalienburg während des Zweiten Weltkriegs mit Tarnfarben, verdunkelte die hellen Wegflächen mit neuem Belag und deckte teilweise den Mittelkanal ab. Dennoch erlitt der Garten einige schwere Schäden. Die Wiederherstellung dauerte und wurde nicht konsequent vorangetrieben. 1972 nutzte man während der Olympischen Sommerspiele den Schlossgarten für die Wettbewerbe im Dressurreiten.

Das Auffahrtsrondell

Von der Stadt kommend empfängt einen das Schloss mit einem von Joseph Effner entworfenen Wasserparterre mit Ehrenhof, Teich mit Fontäne und Kaskade sowie den beidseitig abzweigenden Kanälen und Grünflächen. Umkränzt wird das Entree mit einem Halbkreis der sogenannten Kavalierhäuser. Auch diese zehn, 1728 erbauten Rondellpavillons gestaltete Effner. In den Rondells sind heute u. a. die Porzellanmanufaktur Nymphenburg, die Carl Friedrich von Siemens Stiftung und das Krankenhaus der Barmherzigen Brüder zu Hause.

Das Gartenparterre

Die Reste des ursprünglich französischen Gartens lassen sich noch im Gartenparterre auf der Parkseite des Schlosses erkennen. Sckell gestaltete das ursprünglich sechsgliedrige Broderieparterre im Jahr 1815 zu einer vierteiligen Rasenfläche mit Blumeneinfassung um. Die beiden Felder nahe der Schlosstreppe sind deutlich länger, wodurch eine zusätzliche Raumtiefe beim Blick in den Garten entsteht.

Der Landschaftspark

Der Großteil des Nymphenburger Parks besteht aus einem Garten im englischen Stil, also einem Park, der wie eine natürlich entstandene Landschaft wirkt, aber von Menschen geplant und angelegt ist. Überall ergeben sich Durchsichten zu den Parkpavillons und Seen. Man kann heute nur noch erahnen, wie üppig der Park in der Barockzeit mit Skulpturen, Putten und Ziervasen ausgestattet war. Natürlich finden sich heute noch zahllose große und kleine Skulpturen in den verschiedenen Parkbereichen, doch das Skulpturenprogramm ist insgesamt drastisch reduziert worden. So stehen zum Beispiel im Gartenparterre nur noch zwölf Marmorstatuen von Gottheiten der griechisch-römischen Mythologie und vier weitere hat man gar an die Große Kaskade verdrängt.

Kronprinzengarten

Der Kronprinz, nach dem dieser Garten nordöstlich der Amalienburg benannt wurde, war Ludwig I. Friedrich Ludwig Sckell legte ihn 1799 an. Im Kronprinzengarten steht ein kleiner zweigeschossiger Holzpavillon, der optisch in zwei Teile zerfällt. Das »Haupthaus« besteht aus zwei achteckigen Etagen, daran kuschelt sich ein im

2 Nymphenburg

Die älteste, noch in Betrieb befindliche Maschine Europas pumpt Wasser in die Fontänen

Volksmund »Hexenhäuschen« genannter Vorbau, in dem die Treppe zur ersten Etage verborgen ist. Die Ruinen-Optik außen ist gewollt, innen ist das Haus mit handbedruckten Tapeten bezogen. Eine kleine Quelle tritt zwischen Felsen hervor – natürlich künstlich angelegt, es handelt sich um Wasser aus dem südlichen Kanal. Der Kronprinzengarten wurde 1982/83 restauriert.

Die Ziergärten

Direkt an die alten Gewächshäuser schließen sich nördlich des Gartenparterres drei Ziergärten an. Die üppigen Blumenbeete entwarf Sckell bewusst streng, um einen Kontrast zum »natürlichen« Park zu schaffen.

Nördlicher Kabinettsgarten

Weil Karl Albrecht, der 1742 bis 1745 deutscher Kaiser war, die angrenzenden Räume bewohnte, wird der kleine Garten auch Kaisergärtchen genannt. Dieser kleine Garten ist vermutlich einer der ältesten, in seiner Form noch erhaltenen Gärten in Nymphenburg. Er grenzt unmittelbar an die Gartenseite des Nordflügels des Hauptschlosses und war, wie sein südliches Gegenstück, ursprünglich ein reiner Privatgarten, ein *giardino segreto*. Die fünf Büsten in den Heckennischen sind vermutlich aus der Werkstatt von Giuseppe Volpini.

Südlicher Kabinettsgarten

Im Gegensatz zum nördlichen hat der südliche Kabinettsgarten mit der Umgestaltung durch Friedrich von Sckell seine Urform verloren. Sckell bepflanzte den Garten mit kostbaren Gehölzen. Blickfang ist die 1724 geschaffene und von François Cuvilliés d. Ä. 1764 umgebaute Kleine Kaskade im Südteil, die aus zwei Becken besteht. Die vier Statuen um die Kaskade stammen von Konrad Eberhard. Als da sind: Leda mit dem Schwan (1810), der Satyr Silen mit Bacchus als Knaben (1812), der schlafende Endymion (1820) und Diana (1820). Die Figuren sind seit einer Sanierung im Jahr 2008 Kopien, die Originale waren aus Carrara-Marmor. Die Ädikula zwischen Satyr und Leda beherbergt eine Kopie der Venus italica von Antonio Canova. Das achteckige Vogelhaus im nördlichen Gartenteil stammt wie die Kaskade von Cuvilliés (errichtet 1757).

Die beiden Kabinettsgärten sind für die Öffentlichkeit nicht zugänglich.

Die Seen

Auch die natürlich wirkenden Seen sind künstlich unter Ludwig von Sckell angelegt worden. Sie ersetzten zwei kleine barocke Teiche vor der Badenburg und der Pagodenburg. Der Badenburger See mit seinen drei kleinen Inseln ist mit 5,7 ha der größere der beiden Seen. Er wurde zwischen 1805 bis 1807 angelegt. Ein runde Apollotempel auf einer Landzunge bildet den Blickfang. Der 2,9 ha große Pagodenburger See wurde 1813 angelegt. Er wird unterirdisch aus dem Mittelkanal gespeist und speist den Hart-

mannshofer Bach, der durch die idyllischen Wiesen des Pagodenburger Tals fließt, bis er nach 420 m in den Kugelweiher mündet.

Die Große Kaskade

Ganz im Westen des Parks fließt der Nymphenburger Kanal in den Park, was heißt fließt – er stürzt sich in der Großen Kaskade vom oberen in das untere Kaskadenbecken. Den Wasserfall entwarf Joseph Effner 1717, die sichtbaren Elemente wurden 1770 mit rosa Marmor verkleidet. Architekturelemente, die die Kaskade einrahmen sollten, wurden zwar geplant, aber nie erbaut. Stattdessen stellte man Ende des 18. Jh. Skulpturen auf.

Die Fontänen

Für beide Fontänen, die auf der Stadtseite und die im Park, erbaute Joseph von Baader 1807 ein gusseisernes Pumpwerk, das im Grünen Brunnhaus untergebracht ist. Zuvor presste eine 1716 von Franz Ferdinand Albert Graf von der Wahl konstruierte Pumpe das Wasser durch die Rohre. Baaders Konstruktionen sind noch heute im Einsatz. Das Pumpwerk gilt daher heute als die älteste seit ihrer Erbauung ständig arbeitende Maschine Europas.
Vorgänger der Garten-Fontäne war die 1717-1722 erbaute Flora-Fontäne, deren achteckiges Marmorbecken mit Figuren aus vergoldetem Bleiguss von Guillielmus de Grof verziert war. Bei der Neugestaltung des Gartenparterres unter Ludwig von Sckell musste der Brunnen der heutigen Fontäne weichen.

Die Parkburgen

Drei elegante kleine Parkburgen sind über das Areal desNymphenburger Parks verteilt. Sie dienten als Lustschlösschen für die feudale Gesellschaft.

Amalienburg

Kurfürst Karl Albrecht ließ für seine Gattin, die Kaisertochter Maria Amalie, von 1734 bis 1739 die Amalienburg erbauen, das als Jagdschlösschen für die Fasanenjagd diente – daher auch die vergitterte Plattform auf

Die Amalienburg

Die Badenburg

der Dachmitte, die als Hochsitz genutzt wurde. Architekt François Cuvilliés entwarf die Anlage als Gesamtkunstwerk im Stil des frühen Rokoko. Im Inneren bildet der Große Salon oder Spiegelsaal das Zentrum des Schlösschens. Das Blaue Kabinett und das Ruhezimmer (auch Gelbes Zimmer) schließen sich südlich, das Jagdzimmer und das Fasanenzimmer (auch Indianisches Zimmer) nördlich an. In den Flügelbauten befinden sich Garderobe, Hunde- und Gewehrkammer, die Retirade und die exotisch mit chinesischen und niederländisch gestalteten Kacheln geflieste Küche. Die üppige Ausstattung lag in den Händen des Stuckateurs Johann Baptist Zimmermann, des Bildhauers Johann Joachim Dietrich und des Malers Joseph Pasqualin Moretti.
Die Amalienburg und der Schlosspark dienten dem französischen Regisseur Alain Resnais als Kulissen für seinen epochalen Film *Letztes Jahr in Marienbad* (1961).

Badenburg

Die Badenburg »ist das schönste Bad, das mit allen Bequemlichkeiten, so die Pracht nur eingeben kann, in einer anderen Ecke dieses Gartens vom Kurfürst Maximilian Emanuel erbauet worden. Das Bassin ist so groß, dass man bequem darin schwimmen kann, und wenn man Zuschauer dabey haben will, so ist ein Platz da, wo sie sich hinstellen können«, bejubelte ein Reisender einst das Gebäude am großen Parksee. Das Gebäude, das Joseph Effner von 1718 bis 1722 erbaute, diente tatsächlich ausschließlich dem einen Zweck: Baden. Natürlich entsprechend luxuriös und mit allem, was eine adelige Badegesellschaft so benötigt. Wie z. B. einen großen Festsaal mit üppigem Stuck und Fresken (von Jacopo Amigoni, 1944 zerstört und von Karl Manninger 1984 nachgemalt) und dem sich über zwei Etagen erstreckenden, mit holländischen Kacheln verzierten Badesaal. An den Badesaal schließt sich das kurfürstliche Appartement mit Vorzimmer, Schlafzimmer, Kabinett und Garderobe an, alle mit chinesischen Tapeten, Vertäfelungen, Spiegeln und Fresken verziert.

Die Pagodenburg – außen Rokoko, innen »asiatisch«

Die für das Bad notwendigen technischen Einrichtungen sowie die Küche befinden sich im Untergeschoss.

Pagodenburg

Als »indianisches Gebäude« bezeichneten Zeitgenossen die Pagodenburg, dabei bezieht sich das nicht auf die Ureinwohner Nordamerikas, sondern auf Indien als Gesamtbegriff für Fernost. Denn eigentlich ist das Lustschlösschen im damals topmodernen Stil der Chinoiserie ausgestattet. Daher auch der Name, denn als Pagode bezeichnete man alle asiatischen Tempelanlagen. Auch die Pagodenburg entwarf Joseph Effner. Den 1716 bis 1719 entstandenen Bau überarbeitete François Cuvilliés d. Ä. bereits 1767 im Stil des Rokoko. Der zweigeschossige Bau hat im Erdgeschoss nur einen einzigen

Die Magdalenenklause

Saal, der fast ganz in Blau und Weiß mit asiatischen Motiven auf Delfter Kacheln verziert ist. Wandmalereien von Johann Anton Gumpp zeigen verschiedene asiatische Gottheiten. Im Obergeschoss befinden sich ein Ruheraum, ein Antichambre mit chinesischen Tapeten, schwarz lackierter Vertäfelung sowie ein Kabinett mit in Rot gehaltener Lackmalerei.

Übrigens: Die Pagodenburg gibt es noch einmal. Markgräfin Franziska Sibylla Augusta von Baden verliebte sich bei einem Besuch bei Kurfürst Max Emanuel in das Schlösschen, ließ sich die Pläne nach Rastatt schicken und beauftragte ihren Hofbaumeister Johann Michael Ludwig Rohrer mit der Kopie.

Magdalenenklause

Eigentlich zählt die Magdalenenklause nicht zu den Parkburgen, da sie nicht als Lust- oder Jagdschlösschen angelegt wurde. Max Emanuel ließ sie sich von Joseph Effner zwischen 1725 und 1728 als künstliche Ruine erbauen, wo der Kurfürst Ruhe und Kontemplation zu finden hoffte – ein steingewordenes »memento mori«, dessen künstlicher Verfall auf die Vergänglichkeit allen Seins hinweist. Max Emanuel sollte das nie erleben. Er starb kurz vor der Fertigstellung. Die Klause wurde 1728 von Max Emanuels Sohn, dem Kölner Erzbischof Clemens August geweiht. Die Stuckaturen im Inneren mit Muscheln und Kieselsteinen stammen von Johann Bernhard Joch, die Fresken von Nikolaus Gottfried Stuber. Die namensgebende Maria Magdalena ist sowohl in der Deckenmalerei als auch mit einer Statue (ausgeführt von Guiseppe Volpini) gegenwärtig. Noch heute besuchen Wallfahrer die Kapelle am Magdalenentag, dem 22. Juli.

Apollotempel

Die Landzunge im großen See blieb lange unbebaut. Erst 1805 wurde ein kleiner Holztempel anlässlich des Geburtstags der Kurfürstin erbaut. Er wurde 1818 durch einen größeren Bau aus Lärchenholz ersetzt. Der durfte

Der Apollotempel

zumindest etwas länger stehen bleiben. Den 1862-65 erbauten Apollotempel, ein Monopteros aus zehn graubeigem Sandsteinsäulen, entwarf Leo von Klenze.

Dörfchen

Nicht erst heute wird das Landleben romantisch verklärt, das war schon im 18. Jh. groß in Mode. Das Dörfchen am Nordufer des südlichen Parkkanals ist das beste Beispiel für die idyllische Verklärung des Lebens einfacher Schäfer und Bauern. Das zentrale Gebäude ist das Grüne Brunnhaus, dazu kamen in der zweiten Hälfte des 18. Jh. das Hirschgartenbrunnhaus, das Brunnwärterhaus, einst mitsamt einer Schmiede, sowie das Biberwärterhaus, alles im Stil eines Bauerndorfes gestaltet. Die Häuser sind auch heute noch teilweise bewohnt.

Das Dörfchen

Magdalenenfest

Aus der Wallfahrt zur Nymphenburger Magdalenenkapelle jeden 22. Juli entwickelte sich ab 1647 eine richtige Dult vor dem Schloss mit zahlreichen Attraktionen, die eine Woche dauerte. 1930 zog die Dult an den Romanplatz, 1959 dann in den Hirschgarten, wo das Fest (inzwischen seines religiösen Hintergrunds beraubt) jeden Juli stattfindet.

Magdalenenfest im Südlichen Schlossrondell, 1885

2.2 Marstallmuseum/Museum Nymphenburger Porzellan

Einst beherbergte diese dem Schloss am nächsten gelegene »Leibpferd-Stallung« die kostbarsten Pferde des Kurfürsten während der Sommermonate. Überwintert wurden die Tiere in den Hauptstallungen am Marstallplatz nahe der Residenz. Das Gebäude wurde 1719 unter Max Emanuel fertiggestellt. Ein Vorgänger des Marstallmuseums eröffnete 1923 in der ehemaligen Hofreitschule. Während des Zweiten Weltkriegs brachte man 1941 die umfangreiche Sammlung an Kutschen, Reitzubehör, Bilddokumenten und Accessoires aus dem innerstädtischen Marstallkomplex nach Nymphenburg, noch rechtzeitig, bevor das Marstall zerbombt wurde. 1952 wurde dann das Marstallmuseum in seiner heutigen Form der Öffentlichkeit zugänglich gemacht. Es zählt mit seinem umfangreichen Sammlungsbestand aus dreihundert Jahren zu den bedeutendsten höfischen Kutschensammlungen der Welt. Prunkstücke der umfangreichen Sammlung an fürstlicher Fahr- und Reitkultur sind der Krönungswagen Kaiser Karls VII. und die Prunkfahrzeuge Ludwigs II.

Im ersten Stock der einstigen Stallung ist erheblich zerbrechlicheres Kulturgut untergebracht: Nymphenburger Porzellan aus der Privatsammlung Bäuml. Albert Bäuml wurde 1888 Leiter der von Max III. Joseph im Jahr 1747 gegründeten Porzellanfabrik. Bäuml sammelte Nymphenburger Porzellan aus allen Epochen als Modellvorlagen. Eine Leidenschaft, die seine Nachkommen weiterführten. Heute sind im Museum neben den privat gesammelten Objekten auch Porzellane der Bayerischen Schlösserverwaltung ausgestellt.

Das Gasthaus Controlor 1910

2.3 Krankenhaus Barmherzige Brüder

Von der Kneipe zur Klinik: 1728 schenkte Kurfürst Karl Albrecht seinem verdienten Beamten Franz Christoph Hieber, seines Zeichens Hofintendant und daher mit dem Titel »Controlor« geschmückt, ein Grundstück am Südlichen Schlossrondell. Hieber errichtete hier einen Pavillon und bekam vom Kurfürsten die Realgerechtsame, sprich die Konzession für eine Gaststätte. Fortan pilgerten Ausflügler zum Controlor, vor allem wegen dessen großzügigem Wirtsgarten, der bis zur Romanstraße reichte. Der Controlor wurde im Laufe der Jahrzehnte mit Attraktionen wie einer Kegelbahn, einem Musikpavillon und sogar einer bayerischen Alm samt Schuhplattlern ausgestattet. Doch die große Zeit endete mit dem Ersten Weltkrieg. 1916 erwarben die Barmherzigen Brüder Nymphenburgs ältestes Gasthaus, um es zu einem Krankenhaus umzubauen. Der Wirt ließ sich aber mit dem Auszug noch bis zum 3. Oktober 1917 Zeit. Dann begannen die Bauarbeiten. zunächst gab es 30 Betten, ausschließlich für männliche Patienten (meist urologische Befunde). Ab 1921 durfte die Landespolizei Betten belegen. Zehn Jahre später konnte das benachbarte Gebäude im Schlossrondell erworben und umgebaut werden. Nun gab es 180 Betten. Mit Ausbruch des Zweiten Weltkrieges wurde das Krankenhaus als Reservelazarett für Verwundete genutzt. Schon 1942 zerstörte ein Bombenangriff die Gebäude, sechs Menschen starben. Umfangreiche Auf- und Umbauarbeiten brachten in den 1950er-Jahren erheblich mehr Platz. So entstand ein neuer Bettentrakt an der Romanstraße und 1957 wurde eine neue Krankenhauskirche geweiht. In den 1962ern kamen ein weiteres Bettenhaus und 14 Operationssäle hinzu. Von 1966 bis 1987 belegte die Bundeswehr 120 der 585 Betten. 1991 dann Bayernpremiere: Mit der Palliativstation St. Johannes von Gott eröffnete Bayerns erste Palliativstation. Sie ist inzwischen (durch Aus- und Umbauten) mit 32 Betten die größte Palliativstation Deutschlands. 2014 kam eine Spezialisierte Ambulante Palliativversorgung zur Betreuung schwerstkranker Patienten im häuslichen Umfeld hinzu. Die 1999 gegründete Geriatrische Rehabilitation hingegen musste nach 15 Jahren wieder schließen, weil sie defizitär war. Stattdessen gibt es nun eine Akutgeriatrie innerhalb der Abteilung Innere Medizin I. Gemeinsam mit der nahe gelegenen Klinik Dritter Orden (siehe 3.1) betreiben die Barmherzigen Brüder seit 2004 eine Berufsfachschule für Krankenpflege. Die Erweiterungs- und Umbauarbeiten gehen ständig weiter. 2009 eröffnete das erste Darmzentrum am Tumorzentrum München. Das Klinikum ist heute ein akademisches Lehrkrankenhaus der TU München und Lehrklinik der Deutschen Akademie für Ernährungsmedizin, das 405 Betten bietet und knapp 1000 Mitarbeiter beschäftigt.

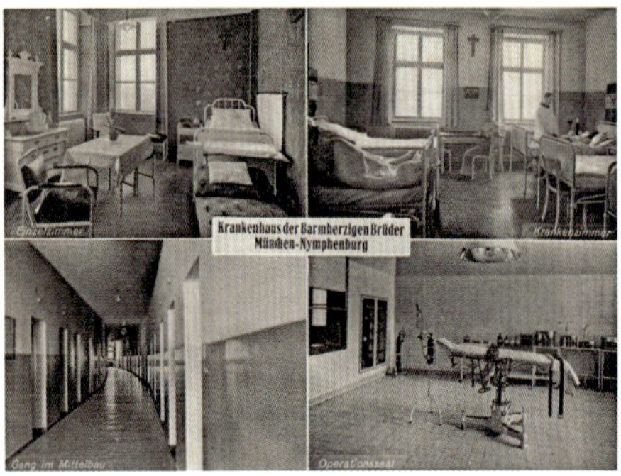

Das ehemalige Gasthaus Controlor (r.), heute das Krankenhaus der Barmherzigen Brüder

2.4 Erwin-von-Kreibig-Museum

Erwin von Kreibig (1904-1961) zählte zu Lebzeiten zu den wichtigsten Schwabinger Künstlerpersönlichkeiten. Nach seiner Ausbildung an der Münchner Kunstgewerbeschule arbeitete er mit seinem älteren Bruder Erich für die Vereinigten Werkstätten und zeichnete für die Zeitschriften Simplicissimus, Jugend und Eulenspiegel. Nach Arbeitsaufenthalten in Paris und auf Ibiza kehrte er 1936 nach München zurück, nur um sich als »entartet« eingestuft zu sehen. Kreibig zog sich bis 1952 nach Südtirol zurück. 1961, kurz vor seinem Tod, verlieh ihm die Stadt München den neu gestifteten Schwabinger Kunstpreis für Malerei. Sein Bruder Erich gründete 1989 die Erwin von Kreibig Stiftung, die am 23. September 1991 im Südlichen Schlossrondell 1 das Museum eröffnete. Neben der ständigen Ausstellung von Kreibigs Werken zeigt das Museum wechselnde Ausstellungen anderer Künstler.

2.5 Schlossmühlenbad

Der Schlossmüller Karl Schieder eröffnete 1855 am Nymphenburger Kanal eine kleine Badeanstalt für Männer. Es gab ein kleines Becken und 15 Badehütten. Viel zu wenig, wie sich schnell zeigte, denn da sich Nymphenburg als Ausflugsziel immer größerer Beliebtheit erfreute und ab 1885 die Dampftrambahn fuhr, kamen auch immer mehr Badegäste. Doch die kgl. Bauintendanz lehnte eine Erweiterung auf 30 Badehütten und ein 40 m langes und 6 m breites Schwimmbecken zunächst ab. 1886 jedoch gab sie nach, der Ausbau begann. Bis 1905 ein reines Männerbad, kam nun ein durch einen Sichtschutz abgetrenntes Damenschwimmbecken hinzu. Ab 1910 wurde das Schlossmühlenbad dann ein Familienbad. Nicht minder beliebt war die Gaststätte der Badeanstalt. 1924 verkauften die Besitzer das Anwesen an die Deutsche Reichspost, die hier Beamtenwohnungen bauen wollte. Bürgerproteste sorgten dafür, dass die Stadt München der Post einen Grundstückstausch anbot. Das Bad blieb. 1943 zerstörten Bomben die Gaststätte. Pläne, das Bad nach dem Krieg neu und größer wieder zu eröffnen, zerschlugen sich. 1958 kaufte die Baufinanz GmbH das Grundstück und errichtete eine Eigentumswohnanlage.

2.6 Nymphenburger Kanal

Der Kurfürst hatte einen verwegenen Plan: Mit dem Boot bequem zu all seinen Schlössern in und um München zu reisen. Also ließ Max Emanuel ein Kanalsystem planen und zwischen 1701 und 1703 Wasserwege zwischen Stadtresidenz, Nymphenburg und Schleißheim anlegen. Der Plan scheiterte grandios, da vor allem der aus der Stadt hinausführende Türkengraben nie genug Wasser führte. Doch versorgt der Nymphenburger Kanal seitdem den Schlosspark mit Wasser. Der Kanal beginnt in Pasing, daher heißt der erste Abschnitt **Pasing-Nymphenburger Kanal**. Ein Wehr reguliert hier die Wassermenge, die aus der Würm entnommen wird. Bei Pipping biegt der Kanal nach Osten ab, fließt an Obermenzing vorbei zum Schloss. Ursprünglich bildete der 2,8 km lange Kanal eine Sichtachse zwischen Nymphenburg und Pipping – das ist längst durch Bebauung und Bepflanzungen Geschichte. Alles Wasser im Schlosspark stammt aus dem Kanal, es betreibt auch die Pumpwerke des Schlosses, die das Wasser für die Springbrunnen mit dem nötigen Druck versorgen. Einst führten 16 Klappbrücken über die Schlosskanäle, sie ermöglichten bis 1846, dass man die Kanäle mit Booten befahren konnte. Die heutigen Brücken (entstanden zwischen 1902 und 1969) lassen sich nicht mehr öffnen. Vor dem Großen Parterre teilt sich der Kanal dann in zwei Arme, die das Schloss umfließen und vor dem Haupteingang in dem Teich mit der Fontäne wieder zusammenkommen. Vom Fontänenteich verläuft nun in nordöstlicher Richtung der **Nymphenburg-Biedersteiner Kanal** (1702-1704 angelegt, *siehe 3.14*) zum Olympiapark und endet schließlich im Englischen Garten im Schwabinger Bach. Der Fontänenteich hat aber noch einen (deutlich sichtbareren) Ausfluss: den **Schlosskanal** zwischen den beiden Auffahrtsalleen. Ihn ließ erst Kurfürst Karl Albrecht zwischen 1728 und 1730 anlegen. Der Schlosskanal endet nach 1,5 km im Becken des Hubertusbrunnens. Brücken waren wegen der Sichtachse nicht vorgesehen. Damals. Längst ist die Sichtachse zerstört, weil man wegen des zunehmenden Verkehrsaufkommens erst 1892 die Ludwig-Ferdinand-Brücke und dann 1897 die Gerner Brücke anlegen musste.

2.7 Nymphenburger Porzellan

Kurfürst Max III. Joseph begeisterte sich für das kostbare weiße Gold – Porzellan. Gerne wollte er es selbst produzieren lassen, statt nur teuer zu importieren. Zwei Jahre nach seinem Regierungsantritt 1745 gründete er in dem kleinen Schloss Neudeck in der Au die Churfürstliche Porcelain-Fabrique und schließlich schaffte es der Hafnermeister Johann Niedermayer nach langen Versuchen, eine Porzellanfigur herzustellen. Nachdem das Verfahren ausgereift war, wurde 1754 Franz Anton Bustelli als Figurist eingestellt, zwei Jahre später wurde das weiße Gold bunt, die erste farbig bemalte Figur gelang. 1761 zog die Fabrik in das von Joseph Effner gebaute Gebäude am Nördlichen Schlossrondell vor Schloss Nymphenburg. Noch heute liefert der Nymphenburg-Biedersteiner Kanal die Energie für einige der Maschinen. Schon unter Bustelli erarbeitete sich die Porzellanmanufaktur ihren Ruf. Nach Bustelli prägten herausragende Künstler wie Anton Auer, Christian Matthias Adler und Friedrich von Gärtner die Manufaktur. Das änderte allerdings nichts daran, dass die Fabrik Mitte des 19. Jh. in wirtschaftliche Schieflage geriet und 1862 verpachtet wurde. Statt Kunst produzierte man nun vorwiegend robustes Alltagsporzellan. Erst unter Albert Bäuml, der 1888 die Firma pachtete, kehrte Nymphenburger Porzellan zurück zu seinen Wurzeln. Bäuml sammelte historische Figuren aus Nymphenburger Produktion als Vorlagen für die Wiederaufnahme verschiedener Modelle. Daneben engagierte man zeitgenössische Künstler für die modernere Linie.

Während des Zweiten Weltkriegs mussten keine verspielten Figurinen, sondern »kriegswichtige« Produkte hergestellt werden – wie Modelle zur Kondomherstellung, Formen für Gummihandschuhe oder für Tauchermützen. Nach dem Krieg lief die Produktion von Porzellan wieder an. Von 1975 bis 2011 verpachtete der Freistaat das Unternehmen an den Wittelsbacher Ausgleichsfonds. Am 1. Oktober 2011 übernahm die Schloss Kaltenberg Königliche Holding und Lizenz KG von Luitpold von Bayern die Manufaktur, die sich seitdem Königliche Porzellan Manufaktur Nymphenburg nennt.

2.8 Museum Mensch und Natur/Biotopia

Im Nordflügel von Schloss Nymphenburg ist das Museum Mensch und Natur untergebracht, das von den Staatlichen Naturwissenschaftlichen Sammlungen Bayern betrieben wird. Die Vorgänger des heutigen Museums sind das an gleicher Stelle 1938 eröffnete Deutsche Jagdmuseum und die naturkundlichen Ausstellungsräume in der Alten Akademie (Neuhauser Straße), die 1944 einem Bombenangriff zum Opfer fielen. Erst im Jahr 1970 begannen die Planungen für ein neues Naturkundemuseum in München. Ein moderner, großzügiger Neubau sollte auf dem Südlichen Oberwiesenfeld entstehen. Der Siegerentwurf des Kopenhagener Architekturbüros Dissing + Weitling erwies sich allerdings in der Finanzierung als zu teuer. Das Jagdmuseum hatte seit 1966 längst eine neue Heimat in der ehemaligen Augustinerkirche in der Neuhauser Straße gefunden. Im Nordflügel war seitdem die Zoologische Staatssammlung untergebracht. Als die 1985 in einen Neubau nach Obermenzing zog, wurde im Schloss für ein »vorläufiges« Naturkundemuseum umgebaut. Statt der geplanten 10 000 m² Fläche musste man sich mit 2 000 m² begnügen. 1990 eröffnete das Museum Mensch und Natur mit dem erklärten Ziel, Naturkunde als Erlebnis durch lebendige Wissensvermittlung den Besuchern nahezubringen. Dioramen, Naturobjekte und interaktive Exponate gewähren Einblicke in die Geschichte der Erde und des Lebens. Highlight unter den Objekten ist für viele »Problembär« Bruno alias JJ1. Der 2006 getötete Braunbär wurde lebensecht präpariert, wie er sich über einen Bienenstock hermacht.

Erheblicher Platzmangel führt dazu, dass das Museum Anfang 2020 schließen wird – und voraussichtlich fünf Jahre später am beinahe alten Standort als Biotopia-Naturkundemuseum Bayern wieder eröffnen wird. In direkter Nachbarschaft zogen die Institute für Genetik und Mikrobiologie der LMU aus, deren Fakultätsgebäude aus der Nachkriegszeit wird einem Neubau des renommierten Architekturbüros Volker Staab weichen, der über 7 000 m² Platz bietet, um naturkundliche Themen attraktiv und zeitgemäß zu präsentieren. 2017 wurde der Startschuss für Biotopia gegeben. Bis zur Neueröffnung informiert das Biotopia Lab auf dem Gelände des Botanischen Gartens über die Themen (und die Baufortschritte) des Projekts.

Nebliger Pomp: Die Eröffnungsfeier des Jagdmuseums 1938

2.9 Maria-Ward-Grundschule

Lange vor dem benachbarten Neuhausen bekam Nymphenburg seine Schulen. Kurfürst Max Emanuel ließ 1718 ein Kapuzinerhospiz am nördlichen Schlossflügel errichten. Vier Patres und ein Laienbruder übernahmen sowohl die Seelsorge als auch den Unterricht für Knaben. Die Bubenschule war von 1732 bis 1805 im Poststall in den südlichen Ökonomiegebäuden untergebracht. Sehr zum Unwillen der Kapuziner holte Kurfürst Karl Albrecht dann 1730 auch noch Augustiner-Chorfrauen von Notre Dame aus Luxemburg, die neben den Kapuzinern im Nordteil von Nymphenburg ein eigenes Haus mit Kirche beziehen konnten. Die Chorfrauen unterrichteten die Mädchen. Mit der Säkularisierung und der Einführung der allgemeinen Schulpflicht besuchten auch die Neuhauser Kinder fortan die nun staatlichen Schulen. Die Mädchenschule leitete auf Wunsch König Max I. eine Oberleutnantswitwe.

Ludwig I. revidierte die Säkularisation seines Vaters und übergab den Englischen Fräulein das »Königliche Erziehungsinstitut«, das 1835 für 130 Schülerinnen den Unterrichtsbetrieb aufnahm. 1910/12 wurde der sogenannte Katharinenbau, das Haupthaus, im Jugendstil erbaut. 1939 enteigneten die NS-Machthaber die Englischen Fräulein und lösten das Internat auf. Die Kirche wurde ausgeräumt und zur Bibliothek des Jagdmuseums umfunktioniert, das kostbare Altarbild von Tiepolo kam nach Kloster Ettal (heute in der Alten Pinakothek). Die Anlage diente im Krieg ab 1941 als Hilfskrankenhaus.

Nach der endgültigen Zerstörung durch einen Bombentreffer im Zweiten Weltkrieg zog die Volksschule für Mädchen in den Nordflügel des Schlosses. Seit 1971 dürfen auch Buben die Schule besuchen. 1998 ging die letzte Schulleiterin des Ordens, Mater Irmina Kellner, in Pension. Die heute staatliche Schule beschäftigt elf Lehrkräfte für rund 200 Schüler.

2.10 Maria-Ward-Gymnasium und -Realschule

Nebenan, auf dem alten Klostergelände neben der Grundschule, befindet sich das Erzbischöfliche Maria-Ward-Gymnasium mit Realschule. Nach der Enteignung durch die Nazis und dem Kriegsende erhielten die Englischen Fräulein im September 1945 wieder die Genehmigung, eine Höhere Mädchenschule zu führen, kurz danach wird auch eine Mittelschule genehmigt. Ein Jahr später besuchten schon 300 Schülerinnen das Institut, der Unterricht fand aus Raummangel in Bretterbuden und im Schichtbetrieb statt. Das Schulgebäude konnte ab 1950 wieder bezogen werden. Das zugehörige Internat wurde 1994 aufgelöst. Im Jahr 2006 dann der große Schritt: Die Congregatio Jesu übergibt die Schule an die Erzdiözese München und Freising, Realschule und Gymnasium bekommen jeweils eigene Schulleitungen. Dennoch arbeiten beide Schulen weiterhin eng zusammen.

2.11 Heilige Dreifaltigkeit

Die Congregatio Jesu (gemeinhin als Englische Fräulein bekannt) ließ sich in den Jahren 1960 bis 1964 an der Maria-Ward-Straße ein neues Kloster von Architekt Josef Wiedemann erbauen. Wiedemann gestaltete die Kirche rund, der Altar steht frei in der Mitte, umschlossen von den Bankreihen. Besonders auffällig ist das 12-fach gefaltete Dach. Es ruht auf einem Betonring mit Mosaikband, getragen von zwölf schlanken Säulen. Zwölf dreieckige Fenster lassen Licht in den Raum. Das streng geometrische Mosaik schuf Elisabeth Hofmann-Lacher. In der Kirche sind mehrere Holzskulpturen aus dem umfangreichen Œuvre der Bildhauerin und Ordensschwester Bernardine Weber ausgestellt. Auch die farbige Glaswand der Sakramentskapelle wurde von Schwester Weber entworfen.

Die Kirche der Englischen Fräulein 1910

2.12 Nymphenburger Friedhof

Mit nur 0,32 ha ist das vermutlich der kleinste Friedhof Münchens. Er wurde 1875 als Gemeindefriedhof für Nymphenburg anlegt. Vom Eingang an der Maria-Ward-Straße führt der Hauptweg auf das Friedhofsgebäude mit seinem Arkadengang zu. Es gibt rund 360 Grabstätten. Zu den prominenten Toten, die hier ihre letzte Ruhe fanden, zählen der Regisseur Bernhard Wicki, der Schriftsteller Eugen Roth und der Filmproduzent »Luggi« Waldleitner. Außerdem werden hier die Nonnen des gegenüberliegenden Klosters bestattet.

Der Botanische Garten 1915

2.13 Botanischer Garten

Der Alte Botanische Garten war 1804 bis 1814 von dem Landschaftsarchitekten Ludwig von Sckell als Einrichtung der Königlichen Akademie der Wissenschaften am Lenbachplatz angelegt worden. Das klassizistische Eingangsportal, 1812 von Emanuel Joseph d'Herigoyen geschaffen, steht heute noch nahe dem Stachus. Carl Friedrich von Martius, Direktor des Gartens und renommierter Naturforscher, wehrte sich vehement dagegen, dass der Nordteil »seiner« Anlage bebaut werden sollte, doch er hatte Pech: Der Nordteil des (Alten) Botanischen Gartens wurde dem Bau des Chemischen Instituts von Liebig und dem gewaltigen Glaspalast geopfert. Zudem setzte die Luftverschmutzung durch Kohleöfen, beginnenden Autoverkehr und den Hauptbahnhof in der Innenstadt den Pflanzen zu. Neue größere Flächen bekam der Garten erst durch den Umzug nach Nymphenburg.1910 begannen die Bauarbeiten, im Mai 1914 eröffnete dann der Neue Botanische Garten. Die Gewächshäuser (Gesamtfläche 4 500 m²) entwarf

Architekt Ludwig Ullmann. Gemeinsam mit Ludwig von Stempel gestaltete Ullmann auch das Hauptgebäude, in dem damals das Botanische Institut der LMU untergebracht war. Erster Direktor des neuen Gartens war Karl von Goebel. Der Garten selbst ist in seiner Gestaltung bis heute kaum verändert worden. Auf den ca. 21 ha finden sich rund 16 000 Pflanzenarten. Besonders beliebt bei den Besuchern ist das tropische Gewächshaus Nr. 4 während der Wintermonate, weil dort über 400 Arten exotischer Schmetterlinge frei umherfliegen.

2.14 Ludwig-Ferdinand-Brücke

Brücken waren über den Schlosskanal ursprünglich nicht eingeplant. Der Kanal und die Auffahrtsalleen gehörten zur Inszenierung, wenn man sich dem Schloss näherte. Ende des 19. Jh. jedoch konnte man jedoch darauf keine Rücksicht mehr nehmen. Erst entstand ein Fußgängersteg, dann 1892 die nach Ludwig Ferdinand von Bayern benannte Brücke. Architekt Friedrich von Thiersch entwarf die einbogige Brücke, die die erste Eisenbetonbrücke Münchens war. Sie hat eine Spannweite von 17,30 m und eine Pfeilerhöhe von 1,88 m. 1914 musste sie um 8,80 m für die Tramgleise verbreitert werden. Eine weitere Verbreiterung auf insgesamt 33 m erfolgte 1956. Die Ludwig-Ferdinand-Brücke ist heute eine der meistbefahrenen Brücken Münchens.

2.15 Von-Parish-Kostümbibliothek

Kaum ein Münchner weiß, dass in einer schmucken Jugendstilvilla (1901 erbaut) in der Nymphenburger Kemnatenstraße 50 ein weltweites Mekka für Menschen aus allen Bereichen des Schneiderhandwerks steht: Die Sammlungen der von Parish-Kostümbibliothek gehören zu den größten und umfassendsten Fachsammlungen ihrer Art. Ihre Begründerin Hermine von Parish (1907-1998) vermachte ihr in Jahrzehnten privater Sammeltätigkeit zusammengetragenes Lebenswerk der Stadt München. 1963 verkaufte sie das Haus an die Stadt, blieb aber bis zu ihrem Tod darin wohnen. Bibliothek und Sammlung überließ sie der Stadt als Schenkung, seitdem durch das Stadtmuseum verwaltet. Zwar steht die europäische Kostümgeschichte bis zur Gegenwart im Zentrum, doch darüber hinaus gibt es unzählige Dokumente und Abbildungen zu jeglicher Art von Bekleidung und Körpergestaltung, Schrift- und Bildmaterial zu den Themen Kostümgeschichte, Modedesign, Accessoires, Trachten Europas und Außereuropas, Berufs-, Sport- und Bühnenbekleidung, Körperkultur, Jugendmoden, Schnitte, Modegrafik, Modefotografie, Textiltechniken und Bekleidungsindustrie.

2.16 Nymphenburger Kurgarten

1893 eröffnete in der De-la-Paz-Straße 10 der Curgarten Nymphenburg des Ofenfabrikanten Ludwig Hippmann, ein vierstöckiger Prachtbau mit Kurbadeanstalt, Gastronomie und einem kleinen Vergnügungspark mit Schießbuden, Schaukeln und Karussells. Für Unterhaltung sorgten Sänger und Tänzer. Highlight jedoch war die Grotte. »Sie steigen eine Treppe hinunter und befinden sich in einem langen Tunnel, oder besser Bergwerksschacht, durch welchen sich ein doppeltes Schienengleis hinzieht. Ein freundlicher Kondukteur ladet Sie ein, in einen der bereitstehenden vogelkäfigartigen Schienenwagen einzusteigen und in sausendem Flug gehts hinunter in die Unterwelt«, schrieb am 30. August 1893 der Bayerische Kurier. In der Grotte befand sich die schlafende, von Zwergen bewachte Figur Kaisers Karl

Der Volksgarten

Der Prater in Wien, Luna Park auf Coney Island, der Tivoli in Kopenhagen – da fehlt doch etwas Adäquates für München! Das dachte sich 1890 Hugo Oertel und suchte und fand für seine Idee eines großen Amüsementparks in Bauunternehmer Heinrich Theodor Höch den passenden Finanzier. Am 15. Mai 1890 eröffnete am Romanplatz, damals Endhaltestelle der Dampftrambahn (von den Münchnern Tramway genannt), der damals größte Vergnügungspark Deutschlands: der Volksgarten Nymphenburg. Zahllose Attraktionen, wie ein kleiner Tiergarten mit Bären und Affen, eine Almhütte, Kasperltheater, Völkerschauen mit Eingeborenen aus deutschen Kolonien, eine Radrennbahn, ein Hippodrom, Fahrgeschäfte und Varietés lockten die Besucher. Von einem 30 m hohen Aussichtsturm und einer Luftseilbahn konnte man die Aussicht genießen. Bis zu 30 000 Menschen fasste der Park, in den Pavillons und Bierschenken gab es Platz für 18 000 Gäste. Das große Vergnügen dauerte nur 26 Jahre. Dann riss man die Anlage 1916 zugunsten des Wohnungsbaus ab. Die zentrale Gaststätte blieb noch bis 1920.

»Negerfamilie« bei der Völkerschau 1892

Der Musikpavillon 1901

Die Dampftrambahn vor dem Volksgarten (1900)

Die Almhütte 1895

Großes Radrennen im Volksgarten (1900)

3 Gern und Nederling

3.1 Krankenhaus des Dritten Ordens

Krank- und Altsein bedeutete in vergangenen Jahrhunderten meist elendiges Siechtum. Für die Unterprivilegierten gab es kaum ärztliche Versorgung. »Vor allem muss etwas getan werden zugunsten den nicht privilegierten Ständen und Armen«, schlussfolgerte der Kapuzinerpater Petrus Eder. Direktor der Drittordengemeinde St. Anton, Ende des 19. Jh. Der Geistliche war bei zahllosen Hausbesuchen mit den dramatischen Lebensumständen vieler Kranker konfrontiert. Mit Unterstützung von Prinzessin Maria de la Paz von Spanien, die Gattin von Ludwig Ferdinand von Bayern, und der Baronin von Strauß verwirklichte Pater Eder seine Idee einer Krankenhilfe durch die Ordensgemeinde. Am 6. Oktober 1901 nahm die Krankenhilfe des Dritten Ordens ohne viel Aufsehen ihre Arbeit auf. Die Pflegedienste übernahmen Terziarinnen, die als weltliche Schwestern bereits in der Krankenpflege Erfahrung hatten. Immer mehr Schwestern meldeten sich freiwillig, als Koordinierungsstelle diente die Wohnung der Baronin von Strauß in der Landwehrstraße 1. Das erste Jahr galt quasi als Probejahr. Nachdem sich gezeigt hatte, dass man sehr gute Arbeit leisten konnte, wurde am 12. Oktober 1902 die »Organisierte Armen- und Krankenfürsorge des Dritten Ordens bei St. Anton in München« der Öffentlichkeit vorgestellt.

Nun gründeten Drittordengemeinden in ganz Bayern Krankenfürsorge-Stationen. Unter Pater Canisius König, der 1908 Pater Petrus Eder als Leiter der Krankenfürsorge nachfolgte, änderten sich entscheidend die Arbeitsbedingungen der Terziarinnen. Diese waren bislang völlig autark, lebten bei Angehörigen oder in Wohngemeinschaften und mussten den Lebensunterhalt alleine bestreiten. Pater König rief eine Vereinigung der weltlichen Berufs-Schwesternschaft des Dritten Ordens ins Leben, gleichsam eine Berufsgenossenschaft

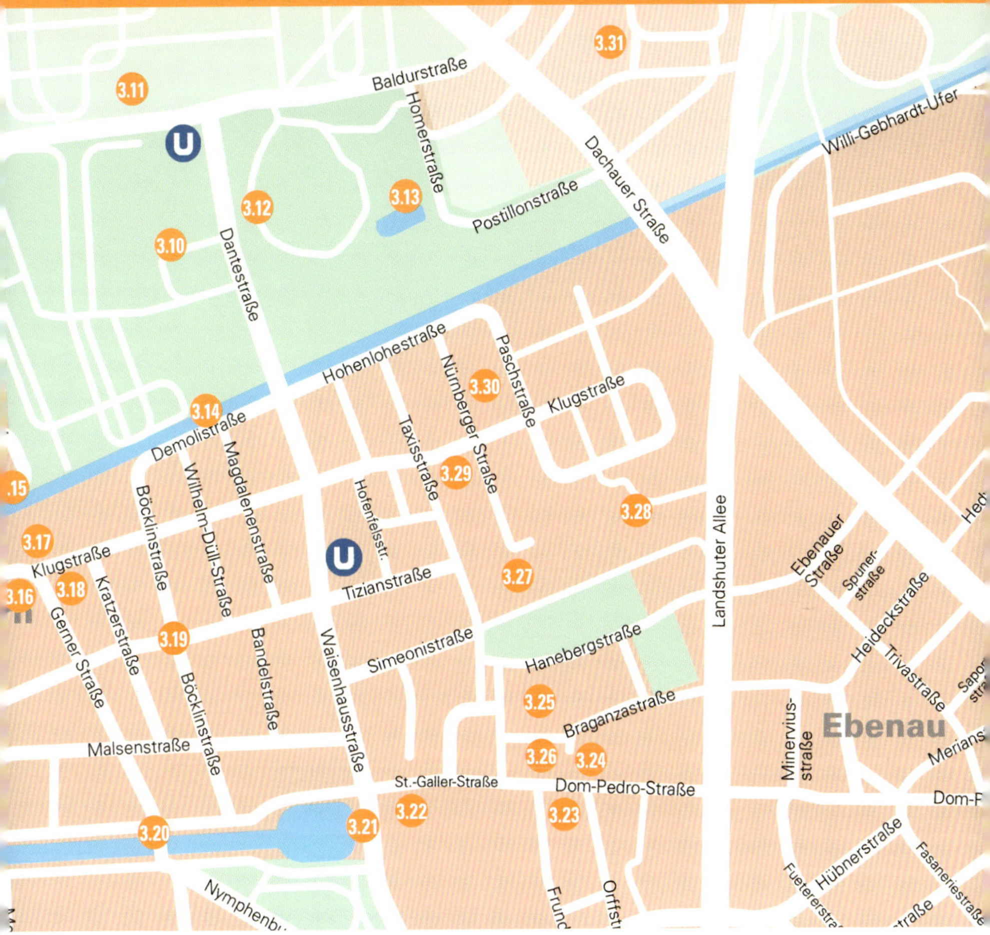

der Schwestern zur Existenzsicherung.

Die Ausbildung der Schwestern fand lange nur in Aushilfskrankenhäusern statt, jedes Jahr begann ein Kurs am 1. März und am 1. Oktober. Viel zu dürftig für eine sinnvolle Krankenpflege. Es wurde Zeit für ein eigenes Ausbildungskrankenhaus. Finanziert von einflussreichen Gönnern konnte ein Grundstück in Nymphenburg erstanden und das Hospital als chirurgische Fachklinik mit 100 Betten erbaut werden. Im Februar 1912 wurden die ersten Patienten aufgenommen. Architekt des historistischen Baus, in dem einige Jugenstilanklänge zu finden sind, war Franz Rank. 1917 kam an der Nordostecke des Grundstücks ein Wirtschaftsgebäude hinzu, 1927 an der Menzinger Straße das Franziskushaus, in dem man Ambulanz, Verwaltung,

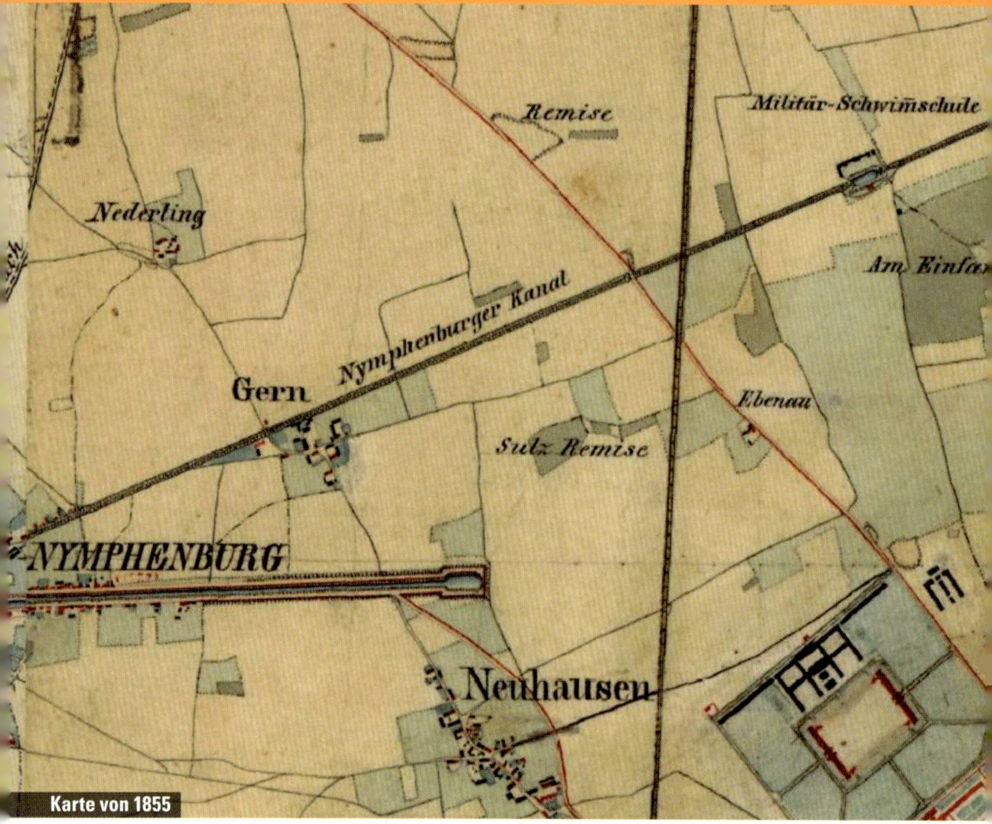

Karte von 1855

Der erste Operationssaal

Pflegeschule und Schwesternzimmer unterbrachte. 1932 bezogen die Abteilungen Innere Medizin und Geburtshilfe eigene Pavillons. Die Freiflächen dazwischen dienten als Gemüsebeete zur Selbstversorgung. Die Beete schrumpften gehörig, als 1937 der große Mittel- und Langbau errichtet wurde. Nach dem Krieg kam 1952 das Altenheim St. Joseph hinzu, 1957 bekam der Erweiterungsbau von 1937 einen neuen Flügel. Von den landwirtschaftlichen Flächen blieb bald nichts mehr übrig. Neue Wirtschaftsgebäude, ein Heizwerk, Erweiterungsbauten und Schwesternwohnhäuser wurden erbaut. 1979 ernannte die LMU das Drittordenkrankenhaus zum Akademischen Lehrkrankenhaus. Von 1985 bis 1997 erfolgte eine Generalsanierung des kompletten Krankenhauskomplexes. Ein Jahr später legte man den Grundstein für eine neue Kinderklinik als Ersatz für die Kinderklinik in der Lachnerstraße, die am 2 Mai 2002 in Betrieb ging. Die Patrizia Kinderhaus-Stiftung erbaute 2003 ein Haus für sozialmedizinische Nachsorge und am 13. September 2006 feierte das Diagnose- und Therapiezentrum Nymphenburg sein Richtfest. Das Klinikum verfügt heute über 574 Betten und beschäftigt 1 857 Mitarbeiter.

3.2 Bayerisches Landesamt für Maß und Gewicht

Skrupel, Zoll, Fuß, Schritt, Rute … der alten Maßangaben gab es viele und sie waren von Region zu Region unterschiedlich. In Bayern wurden die Maße und Gewichte bereits 1809 unter König Max I. Joseph vereinheitlicht, so verschwanden z. B. der Aschaffenburger Fuß (290,5 mm) und der Nürnberger Fuß (303,75 mm) und wurden zum bayerischen Fuß von 291,8592 mm. Für den zunehmenden internationalen Handel wurde aber ein weltweit einheitliches, einfaches System gewünscht. So wurde das metrische System aus Frankreich in Bayern zum Jahreswechsel 1872 übernommen. Heute gibt es nur drei Länder der Welt, die das metrische System nicht eingeführt haben: Liberia, Myanmar und die USA.

In Vorbereitung auf die Umstellung auf das metrische System wurde 1868 das Landesamt für Maße und Gewichte gegründet. Seit 1928 ist das Amt in der Franz-Schrank-Straße zu Hause. Der Architekt Karl Badberger entwarf den Bau mit dem markanten Turm im Stil der Neuen Sachlichkeit mit einheitlicher Klinkerfassade und Sichtbeton für die Tür- und Fenstereinfassungen. Der (damals) abgelegene Bauplatz wurde mit Bedacht gewählt, denn abseits der großen Straßen konnte man erschütterungsfreie Versuche durchführen. In den zweigeschossigen Gebäuden befinden sich die Labors und Werkstätten. Im Turm führt man Druckversuche durch, er enthält eine Wassersäule, die von einem Behälter auf dem Dach gespeist wird. Das Landesamt ist zuständig für sieben Eichämter und zwei Beschussämter in Bayern und untersteht dem Bayerischen Staatsministerium für Wirtschaft, Energie und Technologie. Direktor ist Thomas Weberpals. 2015 hat die Staatsregierung beschlossen, die Zentrale zur Stärkung ländlicher Gebiete nach Bad Reichenhall zu verlegen. Der Neubau ist auf dem Gelände der ehemaligen Eislauf- und Schwimmhalle geplant, die im Januar 2006 einstürzte.

3.3 Deutsche Akademie für Metrologie

Auf dem Gelände des Landesamts für Maß und Gewicht ist auch die Deutsche Akademie für Metrologie (DAM) zu Hause – das Aus- und Fortbildungszentrum in Sachen Gesetzliches Messwesen für die Eichbediensteten aller Bundesländer. Das DAM bietet zudem Serviceleistungen für die Eichbehörden an. Vielleicht interessant für alle Freunde der Metrologie ist die Mitteilung vom 22. Mai 2019: »Das neue internationale Einheitensystem (Système International d'unités – SI) ist am Internationalen Tag der Metrologie (20. Mai 2019) in Kraft getreten. Die vorherigen sieben Basiseinheiten sind fortan definiert durch sieben Naturkonstanten. Unser Einheitensystem ist somit universell, unabhängig von menschengemachten Artefakten (wie dem Kilogramm-Prototypen in einem Pariser Tresor). Die Zahlenwerte der Naturkonstanten wurden so festgelegt, dass Kilogramm, Kelvin und Co. für den Bedarf des täglichen Lebens dieselben bleiben.«

3.4 Samuel-Heinicke-Realschule

Der evangelische Pfarrer Georg Rückert gründete Mitte der 1950er-Jahre das Augustinum, das sich zunächst der Betreuung von jugendlichen Waisen und Halbwaisen widmete, später kamen weitere Einrichtungen, wie die bekannten Wohnstifte für Senioren, hinzu. Eine andere Einrichtung des Augustinums ist die Samuel-Heinicke-Realschule, die im September 1971 als erste Realschule für Schwerhörige in Bayern öffnete – damals noch in Pasing. 2002 bezog die Schule einen Neubau mit angegliedertem Internat für auswärtige Schüler auf dem Gelände der ehemaligen Blindenschule In den Kirschen 1. Ab dem Schuljahr 2007 zog auch der Realschulzweig der Bayerischen Landesschule für Gehörlose aus Laim hierher.

3.5 Münchener Bürgerheim

Dall'Armi-Bürgerheim hieß es zu Beginn, denn der Münchner Unternehmer Heinrich Dall'Armi (1846-1922) hatte eine Millionen Reichsmark zur Gründung eines Altersheims gestiftet. Dall'Armi hatte ein Vermögen in der Tabakbranche gemacht. Architekt Hans Grässel entwarf das 1913 eröffnete Bürgerheim als neobarocke Vierflügelanlage. Der im Zweiten Weltkrieg für eine Flakstellung abgerissene Uhrenturm konnte dank der finanziellen Unterstützung der Dall'Armi-Nachkommen wieder aufgebaut werden. Seit 1997 wird das Bürgerheim von der Münchenstift betrieben, die es von 2009 bis 2014 für rund 30 Mio. Euro generalsanieren ließ. Das Haus für selbstständiges Wohnen bietet 118 Wohnungen.

3.6 Hakenkreuzhaus

Es gibt tatsächlich noch Häuser in München, die auf drastische Weise an die schlimmste Zeit der deutschen Geschichte erinnern: In der Donaustraße 25-31 (Bogenhausen) und der Neuhauser Hanfstaenglstraße 16-20 stehen Wohnkomplexe, bei denen jeweils vier Häuser ein Hakenkreuz bilden. Das, so argumentierten die damaligen Bauherren im Jahr 1934 gegenüber der Genehmigungsbehörde, sei einfach eine praktische Bauform, um den Platz optimal auszunutzen und Energiekosten zu sparen (und nach dem Krieg wurde diese Argumentation bereitwillig aufgegriffen). Tatsächlich bringt diese Bauform keine der erwähnten Vorteile. Es ging den Bauherren darum, ihre rechte Gesinnung auch architektonisch zu manifestieren. Architekt Wilhelm Schuhwerk besaß eines der Grundstücke. Die Hakenkreuzform ist allerdings nur aus der Luft erkennbar.

3.7 Röth-Linde

Über 300 Jahre alt ist die unter Naturschutz stehende Linde an der Nederlinger Straße, westlich der Einmündung der Baldurstraße (okay, das gehört heute schon zu Moosach). Unter ihrer ausladenden Krone saß gerne der Künstler Philipp Röth (1841-1921) und malte Landschaften oder die Linde selbst. Eine Gedenktafel erinnert an Röth.

Sandgrube vor Gut Nederling, gemalt von Jakob Herling im Jahr 1900

3.8 Gut Nederling

Der kleine Weiler Nederling bestand bei seiner ersten Erwähnung vermutlich nur aus zwei Höfen: dem Dießener Hof und dem Frimmerhof. Die Pächter wechselten häufig. Vor allem der Frimmerhof schrumpfte immer weiter zusammen, weil die Besitzer stetig mehr und mehr Land verkauften. Zuletzt verlor er 1893 einen großen Teil seines Bodens, als der aktuelle Besitzer Max von Lutz 37 Tagwerk (rund 12 ha) für die Errichtung des Westfriedhofs der Gemeinde Moosach verkaufte. Um 1900 war Nederling kurz als Standort für die neue Pferderennbahn im Gespräch. Schließlich erwarb der Bankier Salomon Gutmann im Jahr 1913 den Frimmerhof und konnte ein Jahr später auch den Dießener Hof dazukaufen. Sein neues Anwesen nannte Gutmann nun Gut Nederling und verpachtete es gewinnbringend. Die TU nutzte ab 1920 das Gut als Staatliches Versuchsgut für Pflanzenbau und Pflanzenschutz. 1937 enteigneten die Nazis den jüdischen Eigentümer, die Stadt München übernahm Nederling und zahlte nach dem Krieg immerhin eine »Wiedergutmachung«. Der Frimmerhof wurde von 1939 bis 1959 an einen Schweinezüchter vermietet. Seit 1962 sind in den Gebäuden des Nederlinger Gutes Wohn- und Betriebsgebäude der Stadtgartendirektion untergebracht. Der Dießener Hof wurde im November 2003 verkauft. Nach dem Umbau ist darin das Theater Gut Nederling sowie eine Gaststätte mit Biergarten beheimatet.

3.9 Nymphenburger Schulen

Der Geistliche Rat Ernst Adam begann in den letzten Kriegs- und ersten Nachkriegsmonaten 150 Münchner Kinder, die aus politischen oder anderen Gründen keine Schule besuchen konnten, in seinem Haus privat zu unterrichten. 1946 wurde daraus ein staatlich genehmigtes Privatgymnasium. Der im Mai 1948 gegründete Schulverein Ernst Adam e. V. ist bis heute der Träger der Schulen. Das Ganztagskonzept führte man 1969 ein, 1978 wurde die Realschule angegliedert. Um dem steigenden Raumbedarf gerecht zu werden, entstand 2013 ein sechsgeschossiger Neubau in der Sadelerstraße 10, der 16 Mio. Euro kostete. Leider wurde gepfuscht, sodass das Gebäude nach nur zwei Monaten geschlossen und monatelang saniert werden musste. Die Nymphenburger Schulen bieten zahlreiche außerschulische Angebote wie ein Fitnessstudio, eine Mensa und einen Boulderraum. Schüler aus dem Einzugsgebiet können einen eigenen Schulbus in Anspruch nehmen.

3.10 Berufsschule für Floristik

Im Juli 1897 machte die Bayerische Gartenbaugesellschaft eine Eingabe an den Magistrat der Königlichen Haupt- und Residenzstadt München zur Errichtung einer gewerblichen Fortbildungsschule für die schulpflichtigen Gärtner. Das erste Schulhaus für 59 Schüler eröffnete 1901 an der Luisenstraße. Da war noch alles Theorie, praktischer Unterricht begann erst 1907 in Deutschlands erstem Schulgarten inmitten der Heinrich-Schlicht-Kleingartenanlage. 1926 wurde die Volksschule am Dom-Pedro-Platz die neue Heimat der Gärtner. 1931 erfolgte die Umbenennung in »Berufsschule für Gärtner«. Diverse Anträge auf einen eigenen Schulbau nahe des Gartengeländes wurden immer wieder abgelehnt. Der Schulgarten wurde 1952 auf seine heutige Größe erweitert. 1960 endlich genehmigte der Stadtrat den Neubau der Berufsschule am Reinmarplatz, der vier-Jahre später bezogen werden konnte. Nach diversen Umbenennungen heißt die Schule seit 2008 offiziell Berufsschule für Gartenbau, Floristik und Vermessungstechnik, wobei Kartografie und Vermessungstechnik an der neuen Schule im Kapuzinerhölzl gelehrt werden.

3.11 Westfriedhof

Münchens zweitgrößter Friedhof (nach dem Waldfriedhof) liegt heute in Moosach, doch er entstand zu einem guten Teil auf Gerner und Nederlinger Grund und Boden. Das, was Moosacher Land war, musste extra vorzeitig eingemeindet werden. Moosach selbst wurde erst Jahre nach der Eröffnung des Friedhofs 1913 eingemeindet. Die zwischen 1899 und 1902 entstandene Anlage entwarf Architekt und Stadtbaurat Hans Grässel. Für die runde Aussegnungshalle mit ihrer beeindruckenden Kuppel stand S. Costanza in Rom Pate, ebenfalls italienisch muten die basilikaartige Leichenhalle mit ihrem Campanile und die anschließenden Arkaden an. Die Friedhofsanlage wurde ab 1999 komplett saniert.

Die Trauerhalle 1902

Zu den prominenten Toten, die eine der mehr als 40 000 Grabstellen belegen, gehören u. a.:

- Alexandra *(Sängerin)*
- Bernhard Borst *(Gründer der Borstei)*
- Maxl Graf *(Volksschauspieler)*
- Ursula Herking *(Kabarettistin)*
- Rober Lembke *(Quizmaster)*
- Franz von Lenbach *(Malerfürst)*
- Karl Meitinger *(Architekt)*
- Ernst Röhm *(SA-Stabschef)*
- Hanns Seidel *(Bayer. Ministerpräsident)*
- Soraya Esfandiary Bakhtiary *(iranische Ex-Kaiserin)*
- Paul Weber *(Maler)*
- Väterchen Timofei *(Erbauer der Ost-West-Friedenskirche)*

Der Westfriedhof 1902

3.12 Dantestadion

Man plante großzügig: So groß wie die Stadien in Frankfurt oder Köln sollte das Dantestadion einst werden. Doch der Stadtrat bevorzugte mehrere kleine Stadien über die Stadt verteilt. Daher bekam das von Fritz Beblo und Karl Meitinger entworfene Dantestadion nur 32 000 Plätze. Schon 1914 gab es erste Pläne. Erst im Dezember 1925 wurde dann das Bezirksstadion am Dantebad offiziell genehmigt. Mit einem Jugendsportfest eröffnete es am 2. Juni 1928. 1932 fand hier übrigens ein Schachspiel mit lebenden Figuren statt, das der Arbeiter-Schachklub organisierte; Weiß war alles Kapitalistische (z. B. König = Kapitalist, Dame = Profitwirtschaft, Türme = Kerker), rot die Arbeiterbewegung (z. B. König = Schmied, Dame = Freiheitsgöttin, Türme = Gewerkschaften). Klar, dass die Partie im von Arbeitern geprägten Stadtteil mit dem Sieg über das raffende Kapital endete. In der Nazizeit nutzte die Hitlerjugend das Stadion für Aufmärsche, was jedoch störte, war der nahe Westfriedhof. Dessen Totenglöcklein ließ bei den Paraden keine rechte Stimmung aufkommen, also verzichtete man auf einen geplanten Ausbau. In den 1930ern nutzte auch der FC Bayern das Spielfeld als Trainingsplatz. Nach dem Krieg übernahmen die Amerikaner das Stadion für American Football und Baseball. 1954 ging der (inzwischen recht marode) Sportplatz an die Stadt zurück und wurde grundlegend saniert. Von 1963 bis 1972 nutzte der FC Wacker München das »Dante« für seine Heimspiele. Für die Olympischen Spiele 1972 wurde eine Leichtathletikanlage eingerichtet. Heute hat der älteste deutsche Footballverein, die Munich Cowboys, in Münchens viertgrößtem Stadion seine Heimat, inzwischen tragen auch die München Rangers hier ihre Heimspiele aus. Von den einst 32 000 Plätzen gibt es heute nur noch 12 000.

3.13 Dantebad

Sommers wie winters bietet das Dantebad Badevergnügen. Es wurde 1913 als reines Männerbad eröffnet, entworfen von Schwiening und Schachner. Schon 1920 kam ein Frauenbereich nach Plänen von Beblo und Schels hinzu, ab 1929 wurde es nach Plänen von Fritz Beblo und Karl Meitinger zum Familienbad aufgebaut. Bei den Olympischen Spielen 1972 trug man hier die Wasserball-Wettbewerbe aus, der Ausbau zur Olymianutzung hatte 14,5 Mio. DM gekostet. Die Sommeranlagen wurden 2007/08 neu gestaltet, statt der ursprünglich fünf Becken entlang des Nymphenburg-Biedersteiner Kanals gibt es nun einen neu gestalten Kinderbereich, ein wettkampftaugliches 50 m-Becken, ein Nichtschwimmerbecken und ein FKK-Becken (das einzige in einem Münchner Schwimmbad). Beliebt im Winter ist das Freibad, bei dem das Becken auf 30 Grad beheizt wird. Das Wellnessbecken mit Strömungskreisel und Wassermassage hat ganzjährig 34 Grad.

Der 34 Grad warme Strömungskreisel ist gerade im Winter beliebt

3.14 Nymphenburg-Biedersteiner Kanal

Kurfürst Max Emanuel hatte die Vision, alle seine Schlösser, die Stadtresidenz, Nymphenburg und das im Bau befindliche Schleißheim, bequem mit dem Boot erreichen zu können. Keine ruckeligen Kutschfahrten mehr, keine wund gerittenen Hintern. Anfang des 18. Jh. ließ er ein Netz von Kanälen rund um München ausheben. Der Nymphenburg-Biedersteiner Kanal wird aus der Würm ausgeleitet und führt über Schloss Nymphenburg über den Olympiapark bis zum Schwabinger Bach. Ursprünglich lieferte der Kanal die Energie für die Anlagen der Nymphenburger Porzellanmanufaktur. In seinem weiteren Verlauf trennt er Nederling und Gern voneinander. Dann fließt er neben Dantebad und -stadion vorbei und verlässt unseren Stadtteil. Schon früh zog der Kanal

Badende und Ausflügler an. Das Gerner Bad eröffnete 1856, mehrere Gaststätten mit eigenen kleinen Brauereien siedelten sich an. Der Kanal zwischen Schloss und Hubertusbrunnen ist nur ein Stichkanal, der aus landschaftsarchitektonischen Gründen angelegt wurde. Das gesamte Kanalsystem erwies sich im Übrigen als Fehlplanung. Die Kanäle führten nie ausreichend Wasser, um Schifffahrt zu ermöglichen.

3.15 Roth'sches Bad

Postkarte von 1898

Philipp Roth, der Bruder des Revierjägers, eröffnete 1856 das »Gerner Bad« am Kanal neben der Brücke. Ein Bretterzaun ringsum verhinderte neugierige Blicke. Männer und Frauen hatten getrennte Badebereiche. Das Bad war immerhin 120 m lang. Und 1914 wagte Roth etwas beinahe Skandalöses: Er führte einen Familienbadetag ein! Auch Roth wollte durch Gastronomie dazuverdienen, doch sein Bruder, Revierjäger Max, wehrte sich mehrere Jahre juristisch gegen die unmittelbare Gastro-Konkurrenz. Erst 1861 konnte Philipp sein »Restaurant Roth« neben der Kanalbrücke eröffnen. Es wurde in den frühen 1970er-Jahren abgerissen.

3.16 Jägerhaus

1812 bekam Gern seinen ersten Revierjäger, der der Hofjagd-Intendanz unterstand. Ein Jagdhaus stand bereits ab 1809 im Ort (an der heutigen Klugstraße). Dazu gehörte rund 13 Tagwerk Grund, also ein kleiner Bauernhof mit Ställen, Backhaus, Gemüsegarten – und einem ebenerdigen Haupthaus mit zwei Zimmern plus Miniküche und zwei winzigen Zimmerchen unter dem Dach. Eine ziemlich mistige Unterkunft für Jäger Max Roth, seine Frau, die sechs Kinder und eine Magd. Es hagelte Beschwerden, denn das Haus war so feucht, dass Salpeter wuchs und im Stall standen die Kühe bei Regen zentimetertief im Wasser. Erst 1884 wurde das Haus saniert, ausgebaut und aufgestockt.

Von diesem Haus aus betreuten die Revierjäger drei Aufhütten, die Remisen und den König-Ludwigs-Einfang, also die ehemalige Fasanerie Gern (heute befindet sich auf dem Gelände der Taxisgarten). Und sie hatten eine Gastwirts-Gerechtsame, sie konnten also Ausflügler aus München verköstigen. Ein wichtiges Zubrot für die Revierjäger. 1912 ließ Revierjäger Engelbert Brieschenk die Gerechtsame auf Kaffeeausschank umschreiben, weil seine Gattin mit Kaffee und Kuchen mehr Erfolg hatte als mit Bier und Würsten. Drei Jahre später zog der Gerner Revierjäger nach Hartmannshofen ins Fasaneriegebäude und das Jägerhäusl wurde vermietet. Noch heute ist das Wohngebäude mit ehemaligem Stall erhalten.

Das Jägerhäusl wurde in den letzten Jahren komplett saniert

3.17 Gerner Bräu

Schon 1450 wird das Kloster Beuerberg als Besitzer des Oswaldhofs genannt. Der Hof ging mit der Säkularisation in Staatsbesitz über und wurde 1826 verkauft. Innerhalb der nächsten 26 Jahre wechselte das Anwesen achtmal den Besitzer. Schließlich erwarb Adolph von Kloeber für 55 500 Gulden den Hof, wo er 1876 begann, Bier zu brauen und eine Gastwirtschaft einrichtete. Sie muss nicht sehr erfolgreich gewesen sein. 1881 wurde das Anwesen zwangsversteigert. Den Zuschlag erhielt Privatier Magnus Lindl, der alles 1889 an den Freiherrn Ludwig von Gumppenberg zu Pöttmes und Oberbrennberg verkaufte. Der Freiherr zerstückelte das Land, vor allem die Stadt München kaufte große Flächen auf. So liegen das Dantebad, das Dantestadion, der Kleingartenverein Nord-West 03, die Kleingartenanlage Nord-West I und das Altenheim Wilhelmine-Lübke-Haus auf ehemaligem »Oswald«-Grund.

Der Brauereibetrieb ging jedoch unter Lindl und Gumppenberg weiter. 1905 wurde die Gernerbräu GmbH gegründet, die jährlich ca. 30 000 hl Bier produzierte und sogar eine Niederlassung in London unterhielt. Unmittelbar nach Ende des Ersten Weltkriegs kaufte Löwenbräu die Gerner Konkurrenz auf und legte 1920 den Braubetrieb still. Die Gaststätte hielt sich bis 1970.

3.18 Oberländer/Ballauf-Hof

Dem Kloster Dietramszell gehörte über Jahrhunderte der »Oberländer« oder »Ballauf-Hof« im Ortszentrum (Westseite der Gerner Straße, kurz vor der Einmündung in die Klugstraße) sowie der schräg gegenüberliegende »Holzbauer« (*siehe S. 15*). Mit der Säkularisation gingen die Bauernhöfe in den Besitz des Staates über. Einzig der Bauer Joseph Ballauf verfügte über genügend Geld, um sich den Hof, den er gepachtet hatte, zu kaufen. Die Familie Ballauf verdiente später prächtig am Boom in Gern. So verkauften sie Land an die Baufirma Heilmann & Littmann. Die Stadt München erwarb vom ausgedehnten Grundbesitz des Ballauf-Bauern an der Dachauer Straße Land, um eine Hausunratdeponie einzurichten, hier entstand später das Gaswerk Moosach. Ebenso steht die Borstei eigentlich in Gern (heute Moosach), denn das Land gehörte ebenfalls Ballauf – genauso wie das Gelände des Westfriedhofs (auch Moosach), das die Stadt 1898 kaufte. Der Hof selbst blieb bis in die 1930er-Jahre in Familienbesitz und wurde erst 1970/71 abgerissen und mit einer modernen Wohnanlage bebaut.

3.19 Villenkolonie Gern

siehe S. 84

3.20 Gerner Brücke

Weil die erste Brücke über den Schlosskanal, die Ludwig-Ferdinand-Brücke, bald dem Verkehrsaufkommen nicht mehr gewachsen war, musste schon fünf Jahre später eine weitere Brücke über den Schlosskanal angelegt werden. Die 1897 eröffnete Gerner Brücke ist eine Stahl- und Eisenbetonbrücke, die man mit neubarocken Zierelementen an die Umgebung angepasst hat. Mit Rampen ist sie 29 m lang und 10 m breit. Obwohl sie für 24 t Gewicht ausgelegt ist, ist sie eine reine Fußgänger- und Radlerbrücke.

3. 21 Hubertusbrunnen

Der Brunnen war ursprünglich gar nicht hier zu Hause. Der Bildhauer Adolf von Hildebrand schuf ihn 1905-1907 für das Nationalmuseum (Prinzregentenstraße) als Hintergrund für das erst 1913 errichtete Reiterdenkmal für Prinzregent Luitpold. 1937 trug man den Brunnen ab, weil er nicht mehr in das neue Gestaltungskonzept für den Vorplatz des Museums passte. Erst 1954 wurde er an seinem heutigen Standort wieder errichtet. Im Brunnhaus steht ein bronzener Hirsch mit dem Kreuz zwischen den Geweihsprossen. Auf dem Dach kniet der hl. Hubertus mit einem Hirschgeweih im Arm. Der Legende nach wurde Hubertus von Lüttich bei der Jagd durch einen Hirsch mit Kruzifix im Geweih zum Christentum bekehrt.

Der hl. Hubertus auf dem Brunnendach

Die Villenkolonie Gern

Postkarte aus Gern (1905) mit Tizian- und Gerner Straße

In der Klugstraße heute

Erst ab Mitte des 19. Jh. entdeckten wohlhabende Städter die Gegend nahe dem Schloss Nymphenburg für sich und machten aus dem Kuhdorf eine Villensiedlung. Am 9. August 1887 kaufte der Bauunternehmer Jakob Heilmann für 51 000 Mark vom Ehepaar Georg und Anna Singer den Holzbauernhof (gegenüber dem Jägerhaus) samt 12 ha Land. Bald kamen weitere 5 ha südwestlich der heutigen Gerner Straße hinzu, die der Badeanstaltbesitzer Philipp Roth und der Bauer Ballauf verkauften.

Ab 1892 errichtete die Baufirma Heilmann & Littmann rings um die Böcklinstraße eine Reihenhaussiedlung nach britischem Vorbild, die »Familienhäuser-Colonie Nymphenburg-Gern«, heute Villenkolonie Gern. Sie ist Münchens älteste Reihenhaussiedlung, bestehend aus standardisierten, zweistöckigen Reihenhäusern im englischen Cottage- oder belgischen Reihenhaus-Stil mit historisierenden Formen und unterschiedlichen Grundrissen. Bis 1898 erbaute man 102 Häuser mit kleinen Vor- und etwas größeren Hintergärten. Die Häuser boten ca. 70 bis 120 m² Wohnfläche, die Grundstücke waren nur 5,5 bis 8 m breit. Die Baufirma hob in ihrem Prospekt die »ruhige vornehme Nachbarschaft« zu Nymphenburg hervor und warb gezielt um »Gelehrte, Künstler, Schriftsteller, Beamte, Pensionisten und Rentner«. Ziel war, auch dem nicht so wohlhabenden Mittelstand gesundes Wohnen in grüner Umgebung zu ermöglichen. Raus aus

Wilhelm-Düll-Straße

Böcklinstraße 24-30 (1905) o. und
Nördliche Auffahrtsallee 95-99 (1906) u.

Tizianstraße 12 a (1906)

den ungesunden Mietskasernen der Innenstädte! Die Häuser kosteten 7 000 bis 10 000 Mark. Doch nicht nur Heilmann & Littmann bauten. Sie verkauften Grundstücke, so entstanden bis 1914 ganze Straßenzüge durch andere Architekten, es konnte auf individuelle Bauherrenwünsche eingegangen werden. Gelegentlich sollten Einzelgebäude das Reihenhauskonzept unterbrechen und auflockern. Vor allem die Büros von Rudolf Hofmann, Paul Böhner und Franz Böttge prägten die Straßen Gerns. So entstand eine Siedlung mit ganz unterschiedlichen Häusertypen. Atelierhäuser wechselten mit Landhaus-Cottages und verspielten Giebelbauten.

Die Villenkolonie Gern

Malsenstraße 45-51 (1906)

Paul Friedrich Böhner baute u. a. an der Böcklinstraße, Kratzer-, Malsen-, Henrik-Ibsen- und Nederlinger Straße sowie der Nördlichen Auffahrtsallee.
Gustav Franz Böttge bebaute die Ostseite der Magdalenenstraße, an der Klug-, Tizian-, Böcklin- und Hofenfelsstraße.
Rudolf Josef Hofmann gestaltete die Westseite der Wilhelm-Düll-Straße, Teile der Böcklin- Magdalenen- und Malsenstraße.

Die Kolonie steht heute zum Teil unter Denkmalschutz. Vieles ist durch Kriegszerstörung, Nachverdichtung oder Abriss und Neubebauung verloren gegangen. Die ursprüngliche Optik der Gerner Siedlung lässt sich heute meist nur noch erahnen. Gerade die noch erhaltenen alten Reihenhäuser sind inzwischen längst begehrte Objekte geworden und erzielen Fantasiepreise auf dem Immobilienmarkt.

In der Malsenstraße, 1910

Nördliche Auffahrtsallee

Das Waisenhaus 1904

3.22 Münchner Waisenhaus

Erst einmal nur für die Hofbediensteten! 1615 ließ Kurfürst Maximilian I. für die Waisen seiner Bediensteten ein Heim errichten. Zehn Jahre später gab es dann auch ein Bürgerwaisenhaus. 1742 kam das Waisenhaus ob der Au hinzu. Ob in der Vorstadt Au oder einer der anderen Einrichtungen – die Kinder mussten für ihren Lebensunterhalt arbeiten, das Hofzahlamt übernahm nur die allernötigsten Kosten. 1809 legte man die drei Anstalten zusammen. Das Waisenhaus in der Au wurde zum Einlieferungswaisenhaus. 1861 übernahmen die Englischen Fräulein die Betreuung und legten (ein Vorbild an Christlichkeit) neue Aufnahmekriterien fest: Keine Aufnahme für nichtkatholische Kinder. Eine besonders großzügige Zuwendung erhielt das Waisenhaus 1829. Anlässlich ihrer Vermählung stifteten der Kaiser von Brasilien, Dom Pedro I., und Amélie von Leuchtenberg 40 000 Gulden, damit jährlich vier Mädchen (die ausgelost wurden) eine Aussteuer von 500 Gulden bekamen.

Der Mittelbau des Waisenhauses (1904)

Am 7. Oktober 1899 zog das städtische Waisenhaus in einen von Hans Grässel entworfenen, großzügigen Neubau im neobarocken Stil nach Gern. Es bot Platz für 240 Kinder. Die Englischen Fräulein konnten nicht mehr die reine Katholizität erzwingen. Ein Waisenpfleger mit seiner Gattin führte ein strenges Regiment. Jungen und Mädchen wurden in getrennten Schlafsälen mit 40 Betten untergebracht, sie hatten »ihren Vorgesetzten einschließlich allen Ordensmitgliedern Ehre, Liebe und Gehorsam zu erweisen«. Während der NS-Diktatur durften nur »gutgeartete Kinder und artverwandten Blutes« aufgenommen werden. Die Erziehung entsprach der NS-Ideologie. 1944 beschädigten Kriegsbomben den Knabentrakt schwer. Die Kinder, zwischenzeitlich in Bad Wiessee untergebracht, konnten 1948 nach München zurückkehren. Die neue Heimleitung unter Andreas Mehringer nutzte den Neustart für Veränderungen. Baulich wurden mehrere neue Wohnungen geschaffen. Kleinere Gruppen, Koedukation, familienähnliche Strukturen und feste Bezugspersonen (Gruppenmütter) waren in der Heimerziehung damals eine Sensation. Heute ist das Waisenhaus München eine moderne Kinder- und Jugendfürsorgeeinrichtung, die längst nicht mehr nur Waisen aufnimmt, sondern auch Kinder aus schwierigen familiären Verhältnissen. Nach eigenen Angaben gibt es 134 Plätze im Haus.

Der Speisesaal

3.23 Grundschule am Dom-Pedro-Platz

1898 begann der Bau zur neuen Schule in Gern nach Plänen von Baurat Hans Grässel (übrigens Grässels erster Schulhausbau). Schon ein Jahr später öffnete der Ostflügel für 20 Klassen, das restliche Gebäude war im April 1900 fertiggestellt. Grässel richtete sich bei dem hellen, großzügigen Bau nach dem neuen pädagogischen Konzept des Schulrats und Reformpädagogen Georg Kerschensteiner. Die Schule sollte nicht kasernenartig von Drill bestimmt sein, sondern praxisnah auf das Leben vorbereiten und Lernen sollte Spaß machen. Darum wurden Türen, Wände und Schränke der insgesamt 47

Die Dom-Pedro-Schule (1905)

Säle, ja sogar die Turnhalle, mit volkstümlichen Motiven bemalt. Es gab Werkstätten für die Buben und Hauswirtschaftsunterricht für die Mädchen und auch noch nicht schulpflichtige Kinder kamen in dem im Haus integrierten Kinderhort unter. Zwischen 2001 und 2005 wurde der Komplex umgebaut und saniert. Dabei wurden u. a. eine Aula und eine Küche für die Mittagsbetreuung eingerichtet. Bei Schulbeginn 2018 besuchten 469 Schüler, betreut von 35 Lehrern, die Dom-Pedro-Schule.

Die Turnhalle (1905)

3.24 Christuskirche

Sage und schreibe zwei Protestanten sind 1815 für Nederling belegt, es dauerte ein wenig, aber gegen Ende des 19. Jh. waren es deutlich mehr. 11,9 % Protestanten zählte man 1900 im Stadtbezirk Nymphenburg. Und der Ruf nach einer Kirche wurde lauter. Die Firma Heilmann & Littmann errichtete von 1899 bis 1901 nach Plänen des Architekten Erich Göbel die Christuskirche am Dom-Pedro-Platz. 1911 wurde die Christuskirche eigenständige Pfarrei. Der neugotische Bau wurde im Zweiten Weltkrieg schwer beschädigt und bis 1953 vereinfacht wieder hergestellt. Die neue Kanzel und der Altar stammen aus dem Jahr 1962. Die Christuskirche wurde 1999 umfassend renoviert.

3.25 Haus Heilig Geist Münchenstift

Auf eine über 800-jährige Geschichte kann die Heiliggeistspital-Stiftung zurückblicken. Seit 1208 sorgt die Stiftung für Alte und Hilfsbedürftige. Das alte Heiliggeistspital in der Innenstadt musste 1885 dem Viktualienmarkt weichen. 1907 eröffnete das von Hans Grässel entworfene Anstaltsgebäude am Dom-Pedro-Platz, in dem 616 Pfründner unterkamen. Nicht nur der Bau mit seinen Ein- und Zweibettzimmern war modern, auch die Heimregeln: Erstmals wurde die Geschlechtertrennung aufgehoben, Ehepaare konnten zusammenbleiben. 1938/39 errichtete man das von Dall'Armi gestiftete Dienstbotenheim direkt nebenan. Beide Heime bildeten eine wirtschaftliche Einheit. Die Umbenennung durch die Nazis in »Altenheim Neuhausen« wurde nach dem Krieg rückgängig gemacht. 1984, durch ständige Modernisierungen (Einzelzimmer wurden Standard) war das Kontingent auf 450 Plätze geschrumpft, gaben die Barmherzigen Schwestern aus Personalmangel die Heimbetreuung auf. Seit 1996 ist die Münchenstift die Verwalterin des Heiliggeistspitals. 2006 schloss das Heim, um nach umfangreicher Modernisierung 2010

Der Spitalgarten, dahinter die Christuskirche (1910)

wieder zu eröffnen. Zur Finanzierung verkaufte man die Ostflügel des Gebäudes und angrenzende Grundstücke an die städtische Wohnungsbaugesellschaft GEWOFAG. Nun kommen insgesamt 227 Menschen im Haus unter – 141 in Einzelzimmern, 43 in Doppelzimmern. 90 der 227 Plätze gehören zum neu geschaffenen gerontopsychiatrischen Wohnbereich, in dem an Demenz leidende Menschen betreut werden.

Der Aufenthaltsraum für Frauen (1910)

3.26 Heraklesbrunnen

Als der kleine Herkules und sein Zwillingsbruder Iphikles acht Monate alt waren, schickte ihnen Herakles' ewige Widersacherin Hera zwei riesige Schlangen ins Schlafzimmer. Während Iphikles rumheulte, erwürgte Klein-Herakles die beiden Tiere. Diesen Moment hielt Anton Krautheimer in seinem 1979 geschaffenen Brunnen am Dom-Pedro-Platz fest.

Der Karl-Danner-Brunnen im Taxispark

3.27 Taxispark

Der Taxisgarten gilt heute als einer der beliebtesten Biergärten der Umgebung, doch kaum jemand weiß, dass er Teil eines Erholungsparks für Kriegs- und Körpergeschädigte war. Das Gelände gehörte einst zum sogenannten Ludwigseinfang, einem Jagdgelände mit Fasanerie der bayerischen Könige. 1908 verpachtete die Krongutverwaltung das Areal an die Münchner Polizei, die dort Spürhunde ausbildete. 1919 pachtete der Reichsbund der Kriegsbeschädigten und Kriegsteilnehmer 2,6 ha des Ludwigseinfangs, um ein Heim zu errichten. Die Finanzierung scheiterte, also gründeten 45 Schwerbeschädigte des Ersten Weltkriegs den Verein Erholungspark für Kriegsbeschädigte München und bekamen die Genehmigung für Haussammlungen. Dank großzügiger Unterstützer konnte 1921 der Erholungspark mit Gesellschaftshaus, Wirtsgarten, großer Liegehalle und Schwimmbecken eröffnet werden. Zutritt bekamen nur Männer (bis 1979). 1924 eröffnete das heute noch bestehende Wirtshaus mit Saal und Nebenhaus, zu dem alle Zugang hatten und das dem Verein über all die Jahre die nötigen Geldmittel einbrachte.

Während der NS-Zeit hieß die Anlage »Park der Nationalen Front«. Nach dem Zweiten Weltkrieg eröffnete im großen Saal ein Kino, die »Park-Lichtspiele«, die 1971 schlossen. Der Wiederaufbau der anderen Gebäude dauerte bis Anfang der 50er-Jahre. Weil der Verein es zunächst ablehnte, den Park auf für jugendliche Körperbehinderte zu öffnen, kündigte die Bayerische Schlösser- und Seenverwaltung 2007 den Pachtvertrag. Nach einigen juristischen Auseinandersetzungen, bei denen der Verein zuletzt eine Ablöse von 950 000 Euro zugesprochen bekam, blieben alle Versuche, den Park wieder im Sinne der Behindertenvorsorge zu nutzen, erfolglos. Der Freistaat überließ den Park 2014 der Stadt München, die ihn nach umfassender Neugestaltung 2017 für die Allgemeinheit öffnete. Der Biergarten bietet heute Platz für 1 500 Gäste. Über dem Haupteingang neben der Schenke erinnert noch ein 1924 angebrachter Vers des Schriftstellers Eugen Roth an die ursprüngliche Nutzung: »Ihr gabt in heiligem Opfermut, für unser Deutschland Gut und Blut. Mög dieses Heim nach Müh und Pein, Euch Stätte der Erholung sein.«

3.28 Concordia Park

Der kleine Concordia Park gehört zur gleichnamigen Kleingartenanlage. Er wurde 1914 von dem Männergesangsverein Concordia gegründet, der hier eine Bierbude mit Kegelbahn errichtete. Bis in die 1930er-Jahre hatten nur Vereinsmitglieder Zutritt. Im Krieg wurde das Vereinsgebäude zerstört und erst 1953 wieder aufgebaut. Seit 2013 heißt der Biergarten nun Zur Geyerwally und bietet rund 800 Plätze.

3.29 Marienstift Altenheim

1878 gründete Mathilde Jörres (1833-1912) die Stiftung Marienstift zur Unterstützung von alten Menschen. Mathilde Jörrres betrieb eine gut gehende Kunststickerei, sogar Ludwig II. gehörte zu ihren Kunden. In der Nähe des Stachus wurde damals ein leer stehendes Hotel erworben und zu einem Damenstift umgebaut. Durch die Zustiftung von Anna Barbara Merz (1821-1919) konnte ein weiteres Altenheim in Bad Tölz eröffnet werden. Das Haus am Stachus fiel den Weltkriegsbomben zum Opfer. Der Stiftungsrat verkaufte das Grundstück und investierte den Erlös in einen Neubau in der Klugstraße 144 in Gern. Die ersten »Stiftsdamen«, wie man die Bewohnerinnen damals nannte, zogen 1956 ein. Nach einigen Modernisierungen bietet das Haus heute Platz für 65 Personen im Wohnbereich und 100 im Pflegebereich.

3.30 St. Laurentius

Eine Kirche für Gern war schon Ende der 1920er-Jahre geplant, da die Bevölkerung stark angestiegen war. Doch erst in den 1950ern erfolgte die Umsetzung, für den Bauplatz musste eine Kleingartenanlage weichen. Der schlichte Ziegelbau von St. Laurentius wurde von dem Architekten Emil Steffann entworfen. Es ist der erste Kirchenbau Münchens, in dem sich die Gemeinde von drei Seiten um den Altar versammelt. 1955 erfolgte die Grundsteinlegung, im November des gleichen Jah-

res weihte Joseph Kardinal Wendel das Gotteshaus, das von der Priestergemeinschaft der Oratorianer betreut wird. Das dazugehörige Pfarrzentrum entstand zwischen 1968 und 1970.

3.31 Die Borstei

Zugegeben, hier sind wir bereits in Moosach, doch einst gehörte das Gelände, auf dem die Borstei steht, zu Gern. Darum wagen wir hier einen Ausflug nach Moosach: Ursprünglich plante Bauunternehmer Bernhard Borst ein neues Betriebsgelände mit Werkstätten und ein paar Wohnhäusern, als er 1923 an der Dachauer Straße ein 70 000 m^2 großes Grundstück erwarb. Er schrieb sogar einen Architekturwettbewerb aus. Von den 60 Beiträgen überzeugte Borst aber keiner wirklich. Er kürte keinen Sieger, sondern entwarf nun selbst die Anlage, deren Grundidee er so erklärte: »So suchte ich die Wohnfrage zu lösen. Das Schöne des Einfamilienhauses mit dem Praktischen einer Etagenwohnung zu verbinden. Dabei wollte ich alles auf die Entlastung der Hausfrau und auf die Gesundheit der Menschen abstimmen.« Von Betriebsgelände und Werkstätten blieb da nichts mehr übrig. Borst baute eine komplette Siedlung für den gehobenen Mittelstand mit mehrgeschossigen Wohnhäusern, die sich um begrünte Innenhöfe gruppieren und über Gewölbe und Durchfahren miteinander verbunden sind. Die Anlage sollte sich ganz bewusst von den Villenkolonien mit den Einzelhäusern einerseits und den schlichten Wohnblöcken des Genossenschaftsbaus andererseits absetzen. 1927 zog Borst den Architekten Oswald Bieber hinzu.

In der Borstei

Es entstanden insgesamt 77 Häuser mit 772 Wohnungen, 14 Geschäften, einer Apotheke, einem Postamt, zwei Kindergärten, einer Vorschule, einem Café sowie 280 Garagen. 1928 veranstaltete Borst ein Preisausschreiben für den Namen der Siedlung. 2 600 Einsendungen gingen ein. Man schlug u. a. »Paradies, Schlaraffenhof, Borsts Wohnautomat und Borstelysium« vor, Sieger wurde jedoch der zehnmal genannte Name »Borstei«. Im selben Jahr erhielt die Borstei das erste zentrale Heizkraftwerk Deutschlands, das bis heute in Betrieb ist. Damit boten die Wohnungen einen für die damalige Zeit unüblichen Komfort: Zentralheizung und fließend heißes Wasser. Zur luxuriösen Ausstattung gehörten auch Gasherde, Parkett, Bäder mit Waschbecken und Bidet, beheizte Garagen und Kinderspielplätze. Eine eigene Großwäscherei stand allen Mietern zur Verfügung und lieferte innerhalb von 24 Stunden die Wäsche schrankfertig zurück. Bis heute können die Mieter für Arbeiten im Haus stundenweise auf einen Pool von Schreinern, Installateuren, Gärtnern, Malern und anderen Handwerkern zurückgreifen. Skulpturen zieren alle Gärten und Höfe der Borstei, Fresken schmücken die individuell gestalteten Häuser. Kein Wunder, dass die Borstei schnell das gehobene Bürgertum anzog. Bernhard Borst lebte nach dem Zweiten Weltkrieg selbst in der Borstei.

Die Borstei von oben, l. das Moosacher Gaswerk

4 Kasernenviertel und Ebenau

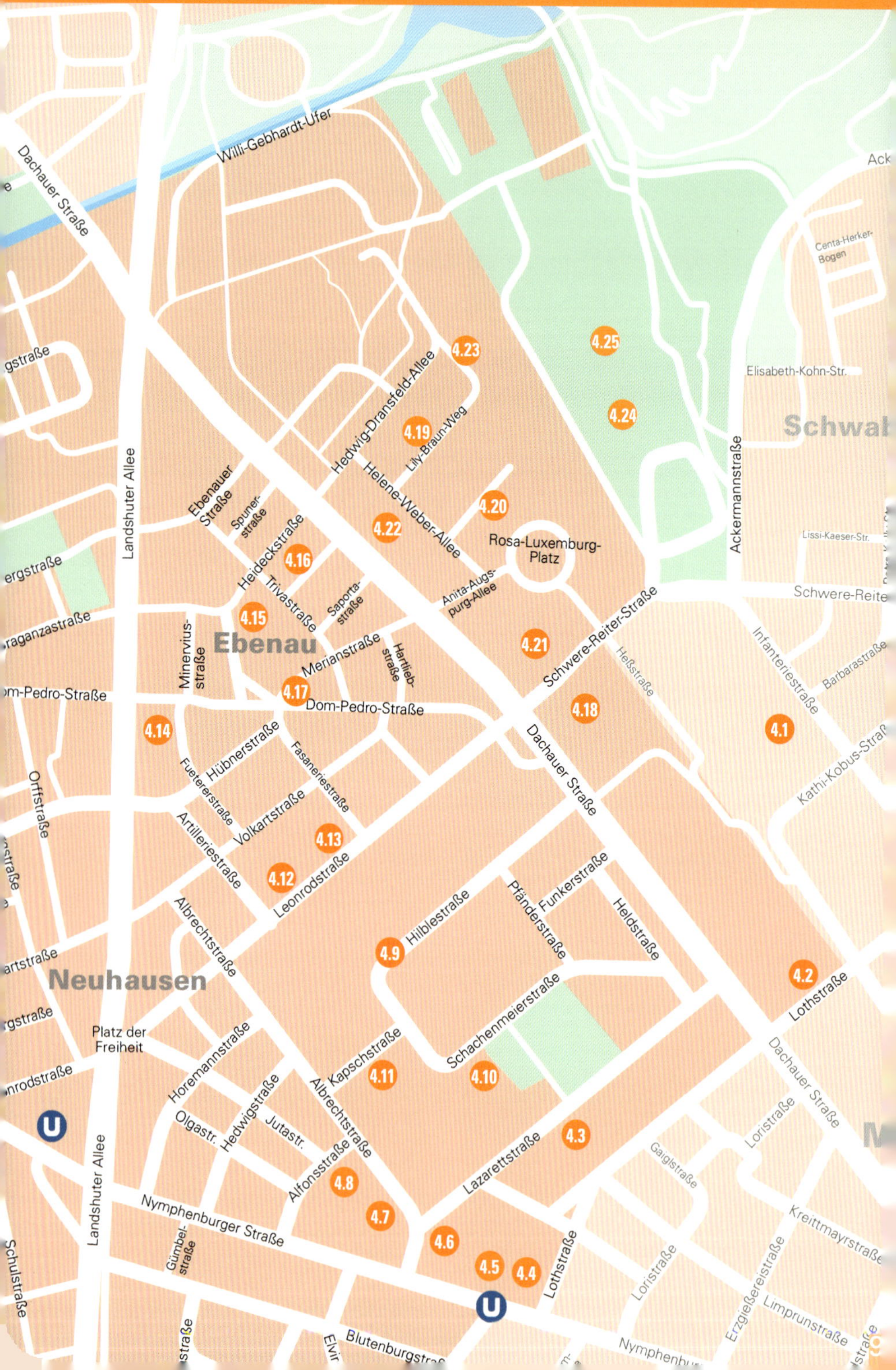

Der Garten des Kommerzenrats von Schweygern am Maßmannbergl war die Keimzelle des Oberwiesenfelds

4.1 Oberwiesenfeld

Der Garten, der dem Oberwiesenfeld seinen Namen gab, lag einst am Rand der Maxvorstadt. Auf dem sogenannten Maßmannbergl an der Dachauer Straße richtete sich der kurfürstliche Hofkammer- und Kommerzienrat Dominikus von Schwaiger ein großzügiges Anwesen ein, das 1790 erstmals als »Wiesenfeld« bezeichnet wurde. Ein Chronist beschrieb das Areal 1805 als eine »dem Sandberge durch Fleiß und Cultur abgedrungene Oekonomie nebst Garten«. Der Garten bildete aber nur den kleinsten Teil des Oberwiesenfelds. Das Ödland der Schotterebene im Münchner Norden diente seit Urzeiten den Neuhausern und Feldmochingern als Viehweide, durchschnitten nur vom Nymphenburg-Biederstein Kanal. Ab 1794 wurde es zum Artillerie-Experimentierplatz bestimmt. Nur wenige Jahre später begann die Bebauung mit so zahlreichen Militäreinrichtungen, dass das Oberwiesenfeld ab 1822 keinen Platz mehr zum Exerzieren bot. Man musste großzügig Nachbargrundstücke im Norden dazukaufen.

Der militärische Ausbau des Geländes setzte sich bis ins 20. Jh. fort. Mehrere Kasernen wurden angesiedelt, so die Eisenbahner-Kaserne, das Barackenkasernement, die Luftschiffer-Kaserne und die Prinz-Leopold-Kaserne. Dazu kamen Militärverwaltungsbauten. Und München bekam auf dem Oberwiesenfeld auch seinen ersten Flughafen. Schon Ende des 19. Jh. landeten hier Ballone und Luftschiffe, ab 1909 wurde er offiziell zum Flugplatz für zivile und militärische Maschinen. 1925 legte man die erste Start- und Landebahn an, vier-Jahre später baute man den ersten »Terminal« für Passagiere und Fracht – eine einfache Bretterbude. Probleme brachten die Stadterweiterungen Münchens und die zunehmend dichte Bebauung. Oberwiesenfeld lag nicht mehr außerhalb, sondern mitten in der Stadt. Der stetig steigende Flugbetrieb musste dringend an einen neuen Standort verlegt werden. Ein Jahr vor dem Umzug des Flughafens nach Riem 1939, wurden auf dem Flughafen Oberwiesenfeld 49 156 Passagiere abgefertigt.

Die Nationalsozialisten hatten große Pläne mit dem Oberwiesenfeld: Ein neuer Güterbahnhof sollte angelegt werden, außerdem sollten Großmarkthalle und Schlachthof hierherziehen. Die Pläne wurden nie umgesetzt. Nur der Wohnungsbau erreichte das Gebiet, die Reichskleinsiedlung Am Hart und der Harthof wurden erbaut und die GWG errichtete zahlreiche Wohnblöcke. Hitler ließ auch die Militäranlagen durch mehrere neue Kasernen großzügig erweitern.

Der Flughafen blieb gleichzeitig in abgespeckter Form in Betrieb, wurde von 1945 bis 1957 von der US Army und bis 1968 für Privatflieger genutzt. Dann riss man das Verwaltungsgebäude ab, um an seiner Stelle das Olympiastadion bauen zu können. Ein großer Teil des Oberwiesenfelds ging im Olympiagelände auf. Der Schuttberg,

4 Kasernenviertel und Ebenau

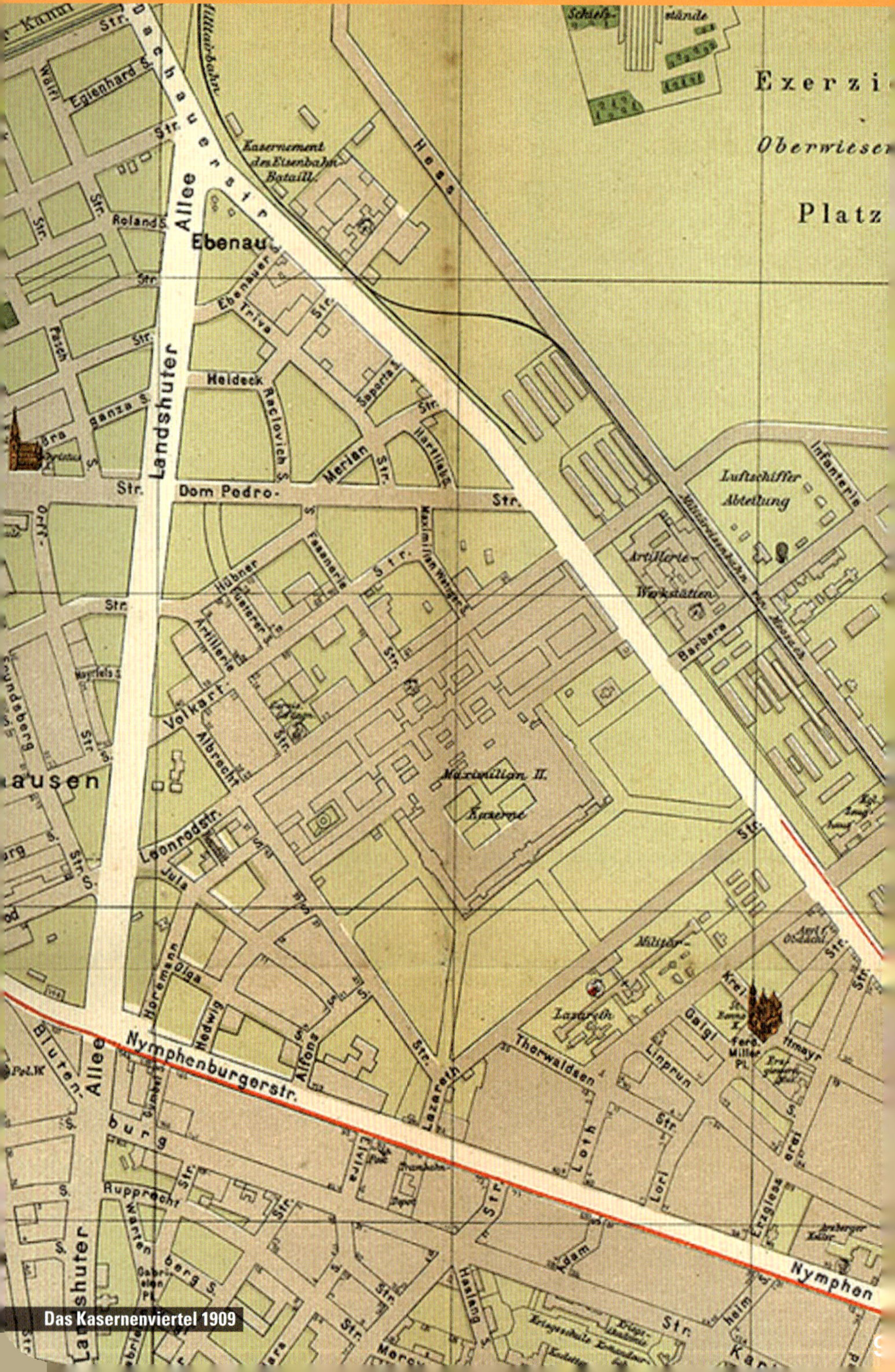

Das Kasernenviertel 1909

Selbst gebaute Notunterkünfte auf dem Oberwiesenfeld 1956, im Hintergrund wächst der Schuttberg

bestehend aus den Trümmern der im Zweiten Weltkrieg zerstörten Münchner Häuser, wurde begrünt und ist heute als Olympiaberg ein beliebtes Ausflugsziel.

Die weitläufigen Kasernenareale dienten nach dem Zweiten Weltkrieg zunächst der US Army, ab 1955 der Bundeswehr. Und weil das Militär in kleinen Schritten Kasernen oder Depots aufgab, entwickelte sich auf dem Oberwiesenfeld eine bunte Subkulturszene. Künstler, Theatergruppen, Musikbands, semilegale Partyveranstalter – und zum Teil auch zwielichtiges Gesindel – nutzten die Hallen als Ateliers, Probe- und Auftrittsräume. Die berühmte Münchner Hallenkultur blühte auf. Bekanntestes Beispiel: Die Alabamahalle auf dem Gelände zwischen Schleißheimer- und Knorrstraße, aus der ab 1984 die BR-Kult-Jugendsendung *Live aus dem Alabama* gesendet wurde. Die großen Zeiten der Subkultur sind längst vorbei. BMW hat das Alabamagelände gekauft und mit seinem Forschungs- und Innovationszentrum bebaut. Auch die meisten anderen Flächen des ehemaligen Armeestandorts wurden in den vergangenen Jahren aufgelassen, ganz neue Wohnviertel wie Ackermannbogen und Nordhaide entstanden. Für die restlichen Flächen und noch erhaltenen Gebäude gab und gibt es verschiedene Nutzungskonzepte und Ausschreibungen. An das alte Oberwiesenfeld erinnert heute nichts mehr.

Oberwiesenfeld gehört heute zu den Stadtbezirken 3 (Maxvorstadt), 4 (Schwabing-West), 9 (Neuhausen-Nymphenburg) und 11 (Milbertshofen).

Mehr zum Oberwiesenfeld finden Sie in unseren Büchern »Maxvorstadt – Reiseführer für Münchner«, ISBN 978-3-940839-27-5 und »Schwabing – Reiseführer für Münchner«, ISBN 978-3-940839-45-9

Das Sommer-Tollwood findet immer auf dem Oberwiesenfeld statt

Plan des Flughafens Oberwiesenfeld 1927

Leibesübungen in der Feuerwerkerschule 1915

4.2 Zeughaus

Fast wirkt es wie ein altes Fabrikgebäude im Neu-Tudorstil aus England, das Zeughaus der Bayerischen Armee, das zwischen 1861 und 1865 nach Plänen der Architekten Andreas Friedlein und Matthias Glaeser an der Lothstraße entstand. Damals war der pseudogotische Rundbogenstil mit Zinnen und Türmchen groß in Mode. Ganze 140 m lang ist der Bau, in dem damals Waffen aufbewahrt, repariert und ausgestellt wurden. Um das Jahr 1900 herum arbeiteten mehr als 1 000 Menschen hier. Außerdem befand sich hier die Feuerwerkerschule. Die Vorgängergebäude befanden sich früher mitten in der Stadt. Doch die neuen Kasernenbauten in Neuhausen und der Maxvorstadt brachten es mit sich, dass das Zeughaus genau an die Grenze zwischen den beiden Stadtvierteln gebaut wurde. Von 1880 bis 1905 beherbergte das Zeughaus auch das Bayerische Armeemuseum. Direkt ans Zeughaus schlossen diverse Werkstätten, aber auch die Heeresbäckerei an.

Nach dem Zweiten Weltkrieg zog das berufspädagogische Institut in das Gebäude. Nach umfangreichen Umbauarbeiten im Jahr 1970 diente das Gebäude der Technischen Universität für die Lehrstühle Wirtschaftsethik, Politikwissenschaft und Pädagogik, ab 2013 dann als Medienzentrum und für den Lehrstuhl Psychologie. Zwischen 2015 und 2019 erfolgte eine Generalsanierung. Seit der Wiedereröffnung Anfang 2019 ist im Zeughaus der Lehrstuhl Design der Hochschule für angewandte Wissenschaften München untergebracht.

4.3 Kgl. bayer. Garnisonslazarett/Deutsches Herzzentrum München

Von der Isarvorstadt nach Neuhausen: Das Königlich bayerische Garnisonslazarett befand sich ursprünglich an der Müllerstraße (hier steht heute der Luxuswohnturm The Seven). Durch die verstärkte Wohnbebauung im 19. Jh. reichte bald der Platz nicht mehr aus, das Lazarett musste umziehen. Wenige Jahre nach der Choleraepidemie von 1854 stimmte König Ludwig II. einem Neubau zu. Es dauerte jedoch vierzehn Jahre, bis 1868 der erste Spatenstich auf dem Grundstück stattfand, das bis zur Eingemeindung 1890 teils in Neuhausen, teils in München lag. Mehr als acht Tagwerk gehörten nämlich ursprünglich dem Ökonom und Gastwirt Johann Bär aus Neuhausen, fünf weitere Tagwerk lagen innerhalb des Münchner Burgfriedens. Stadtbaurat Arnold Zenetti entwarf das Spital als 330 m langen, unverputzten Backsteinbau. In den beiden Flügelbauten befanden sich die Bettentrakte, dazwischen ein Zentralbereich mit vorgesetztem Verwaltungsgebäude, verbunden durch einen Korridor. Der Nordtrakt war bereits zum Deutsch-Französischen Krieg fertig und konnte 1870/71 bezogen werden. Die Bauarbeiten zum südlichen Flügel begannen erst 1872. Die gesamte Fertigstellung dauerte bis 1890. Nun verfügte das Lazarett über 530 Betten. Im Nordtrakt (und ganz ähnlich im Südtrakt) gab es neben den Bettenstationen eine Teeküche, einen Utensilienraum, ein Badezimmer und zwei Aborte, die noch nicht an die Kanalisation angeschlossen waren, das passierte erst 1894. Dazu kamen ein kleiner OP-Saal, drei Arrestzellen – und eine Zelle für Geisteskranke. Im »Garten« baute man vier weitere Lazarette und ein Operationsgebäude, in dem regelmäßig Leichensektionen zu Lehrzwecken durchgeführt wurden. Labore und eine Apotheke befanden sich im Ökonomiebau. Beheizt wurde das Lazarett durch eine Dampfmaschine, Strom gab es noch nicht, vorwiegend Gaslaternen sorgten für Licht.

Nach dem Ersten Weltkrieg übernahm die Reichswehr das Militärkrankenhaus, später die Wehrmacht. Der Südflügel fiel den Bomben des Zweiten Weltkriegs zum

Das Garnisonslazarett Anfang des 20. Jh., dahinter die Benno-Kirche

Opfer. Der Nordflügel ist bis heute teilweise erhalten. Er wird weiterhin als Krankenhaus genutzt: vom Deutschen Herzzentrum. Für das »Provisorium Deutsches Herzzentrum« erbaute man 1913 bis 1915 an der Lothstraße ein Gebäude, das 1968 umgestaltet wurde. 1973 übernahm das Rote Kreuz das nun Deutsches Herzzentrum München (DHM) genannte Klinikum, das erste Herzzentrum Europas, und modernisierte es mit erheblichen Mitteln (36 Mio. DM) der bayerischen Staatsregierung. Im erhaltenen »Zenettibau« kamen u. a. eine Kapelle, die Kantine, Verwaltung, Bereitschaftsdienst und Lagerräume unter. In einem nördlichen Anbau sind nun die Ambulanzen für die Kardiologie und Kinderkardiologie untergebracht, im östlichen Anbau die postoperative Intensivpflege sowie Funktions- und Diensträume der Herzchirurgie. Weitere Um- uns Ausbaumaßnahmen konnten 1996 beendet werden. Heute hat das DHM rund 171 Planbetten und ca. 920 Angestellte. Das DHM besteht aus drei Abteilungen: Klinik für Herz- und Gefäßchirurgie (Direktor: Rüdiger Lange), Klinik für Herz und Kreislauferkrankungen im Erwachsenenalter (Direktor: Heribert Schunkert), Klinik für Kinderkardiologie und angeborene Herzfehler (Direktor: Peter Ewert) sowie drei weiteren Instituten.

Eingang zum Herzzentrum

4.4 Bruckmann Verlag

Eigentlich hatte Friedrich Bruckmann, 1814 in Deutz geboren, in der französischen Porzellanmanufaktur Sèvres das Porzellanmalerhandwerk gelernt. Doch nachdem seine Werkstatt, die er mit seinem Bruder betrieb, bei einem Brand vernichtet wurde, sah sich der umtriebige Rheinländer nach einem neuen Geschäftszweig um – und gründete 1858 den Verlag für Kunst und Wissenschaft. Von Frankfurt über Stuttgart führte ihn sein Weg 1863 nach München. Hier hatte er schon länger Kontakt zu dem Maler Wilhelm von Kaulbach. Kaulbach hatte für Bruckmann Goethes Frauengestalten in Tableaux illustriert, deren Reproduktionen sich bestens verkauften. Bruckmann bezog Räume in der Kaulbachstraße, die damals noch Gartenstraße hieß, und konzentrierte sich verstärkt auf die Tätigkeit als Kunstverleger. Die Qualität der Bruckmann-Reproduktionen suchte damals ihresgleichen, schon 1864 richtete Bruckmann eine eigene fotografische Anstalt ein. Zudem brachte Bruckmann kunstwissenschaftliche Nachschlagewerke und Monografien über die bedeutendsten Künstler seiner Zeit – Lenbach, Menzel, Kaulbach und Arnold Böcklin – auf den Markt. 1898 zog der Verlag von der Garten- (heute Kaulbach-)straße in einen von Martin Dülfer errichteten Neubau an die Grenze Neuhausen-Maxvorstadt, Nymphenburger Straße 86. Im selben Jahr verstarb der Firmengründer. Seine Söhne Hugo und Alphons übernahmen das Unternehmen.

Hugo Bruckmann und seine Frau Elsa förderten schon sehr früh Adolf Hitler, führten ihn in ihrem Salon am Karolinenplatz 5 in die bessere Gesellschaft ein. Das Ehepaar unterstützte ab 1928 die »Nationalsozialistische Gesellschaft für deutsche Kultur« – besser bekannt als »Kampfbund für deutsche Kultur«, deren Vorstand Hugo Bruckmann ab 1930 war. Zwei Jahre später zog der Verleger als Abgeordneter für die NSDAP in den Reichstag. Durch Hitler wurde Bruckmann Vorstand des Deutschen Museums, weil Oskar von Miller der NSDAP die Gefolgschaft verweigerte. Immerhin verhinderte Bruckmann in dieser Position, dass die Museumsbibliothek von jüdischen Autoren gesäubert wurde. Durch seine Kontakte zu Hitler erreichte Bruckmann, der 1941 starb, dass sein Verlag als »kriegswichtig« eingestuft wurde.

Das Bruckmannhaus 1898

Nach Kriegsende baute der Bruckmann Verlag verstärkt auf die in den 1920er-Jahren gegründete alpine Abteilung – die Zeitschrift Bergsteiger erscheint bereits seit 1930. Das Outdoor- und Alpin-Segment wurde konsequent ausgebaut. Seit der Übernahme des J. Berg Verlags 1995 ist Bruckmann Marktführer für Outdoor- und Reisemedien. Heute befindet sich der Verlag in neuen Räumlichkeiten in der Infanteriestraße in Schwabing.

4.5 St. Benno Brauerei

Erst hieß sie Pacher-Brauerei, denn 1879 eröffnete Anton Pacher seine Brauerei mit Gaststätte an der Nymphenburger Str. 90. Zwei Jahre später verkaufte er sie an den Braumeister Franz Xaver Wasserburger. Die Wasserburger'sche Brauerei erwarb 1888 Johann Dirnhofer, der sie in »St. Benno Brauerei« umbenannte, weil in unmittelbarer Nähe die Bennokirche gebaut wurde. Ein Jahr später schluckte Löwenbräu den kleinen Konkurrenten für 255 000 Mark, legte den Braubetrieb still und betrieb nur die Gaststätte weiter.

4.6 Garnisonsverwaltung

Heute noch sind an der Ecke Loth-/Nymphenburger Straße einige Bauten der Garnisionsverwaltung von 1890 erhalten.

Die markanten Backsteinbauten der ehemaligen Garnisonsverwaltung

Das Rupprecht-Gymnasium 1936 (o.), heute verbindet eine Brücke Alt- und Neubau

4.7 Rupprecht-Gymnasium

Im Münchner Westen fehlte eine Realschule. 1907 wurde der Bau an der Albrechtstr. 7 beschlossen und 1911 eröffnete die nach Kronprinz Rupprecht benannte sechsklassige Kreisrealschule mit 344 Kindern. Zehn Jahre später wurde sie zur neunklassigen Kreisoberrealschule (so nannte man damals ein Gymnasium ohne Latein, Latein als 1. Fremdsprache gibt es im RG erst seit 2014). Seit 1926 ist die Schule staatlich. Raummangel brachte 1934 Erweiterungsbauten: Man setzte dem Haus ein drittes Stockwerk auf und baute eine zweite Turnhalle auf die erste. Die im Zweiten Weltkrieg fast komplett zerstörte Schule wurde bis 1950 wieder aufgebaut. Den Namen Rupprecht-Gymnasium, kurz RG, trägt sie seit 1964. Im selben Jahr wurde auf der gegenüberliegenden Straßenseite ein Neubau eingeweiht, der über eine Brücke mit dem Altbau verbunden ist. 2007 kam ein weiterer Neubau hinzu: die Mensa.

Das RG führte von 1982 bis 1999 einen Modellversuch mit »Jugoslawischen Klassen« durch, seit 2008 gibt es eine »Italienische Sektion«, in der neben Italienisch als dritte Fremdsprache auch zweisprachiger Geschichts- und Erdkundeunterricht angeboten wird.

Die Alfonsschule 1910

4.8 Alfonsschule

Der Leiter der Lokalschulkommission und Schulrat Georg Kerschensteiner hatte klar Vorstellungen für den Schulneubau an der Alfonsstraße. Seiner Reformidee einer »Arbeiterschule« nach sollte neben den üblichen Klassen-, Lehrer- und Lehrmittelzimmern auch eine Schulküche, ein Brausebad, Holz- und Metallwerkstätten, eine Turnhalle, ein Saal für Naturkunde, zwei Zeichensäle, ein Kindergarten und ein Kinderhort untergebracht werden. Architekt Robert Rehlen entwarf den

Schulküche in der Alfonsschule (1910)

Bau, der 1908 teilweise in Betrieb ging, die Gesamtfertigstellung zog sich bis 1909 hin. In der »Katholischen Volksschule an der Alfonsstraße« gab es eine Knaben- und eine Mädchenabteilung. Während des Ersten Weltkriegs beanspruchte das Militär das Gebäude, der Unterricht wurde an die Dom-Pedro-Schule ausgelagert. 1936 endete die konfessionelle Bindung, die Schule wurde in Deutsche Gemeinschaftsschule umbenannt. Nach dem Ende des Zweiten Weltkriegs brachten die Amerikaner in den Räumen befreite Zwangsarbeiter unter. Der Schulbetrieb in dem weitgehend von Bomben verschonten Haus begann wieder im Herbst 1945. 1951 trennte man die Alfonsschule in eine Bekenntnis- und eine Gemeinschaftsschule. Die Schule wurde nach dem Pädagogen Aloys Fischer benannt. Im Gebäude fanden neben den beiden Schulen zudem Platz: die Marsplatzschule, die Hauswirtschaftliche Berufsschule, die Städtische Sprachenschule, das Pädagogisch-Psychologische Institut des Bayerischen Lehrervereins, ein Kindergarten und ein Hort. Die Marsplatzschule zog 1957 aus, danach begannen umfangreiche Sanierungsarbeiten. 1959 zog das Pädagogisch-Psychologische Institut aus, ein Jahr später die Sprachenschule. Trotzdem herrschte weiter Platzmangel. Vier kurzfristig gebaute Pavillons aus den 1970ern stehen heute noch. Eine Generalsanierung erfolgte von 2008 bis 2011. Die Alfonsschule bietet »Freiwillige 10. Klassen« und den »M-Zug« für den Realschulabschluss.

Posen für den Fotografen: Soldaten der Max-II-Kaserne im Jahr 1914

Die Max-II-Kaserne 1915

4.9 Max-II-Kaserne

Der Bau der Max-II-Kaserne läutete für Neuhausen die Zeit als »Kasernenviertel« ein. Die seinerzeit größte Münchner Kaserne entstand zwischen Albrecht-, Leonrod-, Dachauer und Lazarettstraße. Der südwestliche und der nordöstliche Teil wurden 1860 bis 1864 gebaut, die Querbauten von 1874 bis 1877. Entworfen hatte die Kaserne der Architekt Matthias Berger, die Fassade stammte von Eduard Riedels. Da es sich um eine Defensivkaserne nach dem Vorbild des Wiener Arsenals handelte, blieb rund um das Gelände ein 200 m breiter Streifen frei. Die Kaserne lag genau zwischen den beiden Exerzierplätzen, dem Marsfeld und dem Oberwiesenfeld, und beherbergte die beiden Feldartillerieregimenter der 1. Feldartillerie-Brigade und die 1. Trainabteilung der Bayerischen Armee. Ab 1877 kam die Equitationsanstalt (Reitschule) hinzu. 2 800 Soldaten lebten in der Max-II-Kaserne.

1910 nannte man das Militärreitinstitut in Militärreitschule um. Die Reitschule wurde nach dem Ersten Weltkrieg aufgelöst. Zwischen den Weltkriegen nutzte auch die Bayerische Landespolizei die Kaserne. Weltkriegsbomben zerstörten das Gelände, das anschließend mit Wohn- und Gewerbeeinheiten bebaut wurde. An die Kaserne erinnert ein Denkmal in der Hilblestraße.

Kaserne des Telegraphenbataillons 1937

4.10 Telegraphenkaserne/ Fakultät für Tourismus

Von der alten Kaserne der Telegraphentruppe, erbaut 1909/10, existiert heute nur noch ein Gebäude an der Schachenmeierstraße. Es wird von der Hochschule für angewandte Wissenschaften München genutzt. Hier ist die Fakultät für Tourismus untergebracht, die mit über 1 200 Studenten die größte ihrer Art in Deutschland ist. Der Studiengang Tourismus wurde 1977 an der Hochschule München eingeführt, damals eine Deutschlandpremiere. Im gleichen Jahr flog übrigens der erste Jumbojet mit 355 Passagieren von Deutschland nach Mallorca. Von 1997 bis 2006 firmierte der Studiengang als Fachbereich Tourismus, seit 2007 nun als Fakultät für Tourismus. Das einstige Kasernengebäude in der Schachenmeierstraße 35 wurde zum Wintersemester 2010/11 bezogen.

In der Kaserne waren einst das kgl. bayer. Telegraphen-Bataillon mit Funkerabteilung, die Kavallerie Telegraphenschule und die Infanterie-Fernsprechabteilung untergebracht. Über 35 000 Mann waren während des Ersten Weltkriegs (natürlich nicht alle gleichzeitig) hier stationiert. Auf dem einstigen Kasernengelände errichtete die GEWOFAG 1 183 Wohnungen zwischen 1954 und 1960.

Die Tourismusfakultät im letzten erhaltenen Bau der Kaserne

4.11 Adolf-Weber-Gymnasium

Am 16. April 1942 nahm die neu gegründete Wirtschaftsoberrealschule (WOR) in den Räumen der städtischen Wirtschaftsaufbauschule in der Herrnstraße mit 35 Schülern den Unterricht auf. In vier-Jahren sollten die Schüler zur Fachhochschulreife geführt werden. Im Juli 1944 zerstörten Bomben das Gebäude, der Unterricht wurde in die Volksschule an der Wittelsbacherstraße verlegt, bis auch diese zerbombt wurde. Nach dem Krieg zogen die Schüler in ein Gebäude an der Wilhelmstraße. Ab 1946 durften auch Mädchen die Wirtschaftsoberschule besuchen, damit war es die erste städtische höhere Schule mit Koedukation. Ein Jahr später legten die ersten Schüler das Abitur ab. 1949 kam die Schule für 15 Jahre in der Schule an der Schwanthalerstraße unter. 1962 erfolgte der erste Spatenstich zum Neubau in Neuhausen. Ein Jahr später wurde der Wirtschaftswissenschaftler Adolf Weber Namenspatron der Schule. Die neuen Räume in der Kapschstraße 4 konnten 1965 bezogen werden. Seit dem Schuljahr 1979/1980 werden blinde und sehende Schüler gemeinsam unterrichtet. Das Adolf-Weber-Gymnasium bietet eine Einführungsklasse für Realschüler mit Mittlerer Reife, die das Abitur machen möchten.

4.12 Militärarrestanstalt »Franzl«

Warum man es »Franzl« nannte, weiß niemand mehr. Jedenfalls machte kein Soldat gerne Begegnung mit diesem Franzl – es handelte sich dabei um das 1899 errichtete Militärgefängnis. Nach dem Zweiten Weltkrieg nutzte die Polizei Teile der erhaltenen Gebäude für das Schubwesen. Im erhaltenen Gebäudetrakt, die ehemalige Verwaltung in der Leonrodstraße 53, ist heute die Freigängerabteilung der JVA München untergebracht. Direkt neben dem Franzl, an der Artilleriestraße, befand sich das Militärgerichtsgebäude. Es wurde 1902 bis 1904 nach Plänen von Oberbaurat Ritter von Wellinger gebaut. Auf dem Gelände von Gefängnis und Gericht stehen heute Wohngebäude.

4.13 Bayerisches Hauptstaatsarchiv – Kriegsarchiv

In dem 1928 erbauten Backsteinbau an der Leonrodstr. 57 sowie dem benachbarten Ziegelbau von 1890 (ursprünglich das Monturgebäude für das Train-Bataillon) befindet sich das Gedächtnis an die bayerischen Kriege. Das Kriegsarchiv wurde 1885 eingerichtet, um eine komplette Geschichte der Bayerischen Armee zu erstellen. Die ältesten Akten stammen aus der Zeit des Dreißigjährigen Kriegs. Bis 1935 brachte das Archiv acht Bände mit der bayerischen Kriegsgeschichte bis 1914 heraus, zwischen 1921 und 1940 erschienen 92 *Erinnerungsblätter deutscher Regimenter* und 1928 *Bayerns Goldenes Ehrenbuch* mit allen Trägern der höchsten bayerischen Kriegsauszeichnungen des Ersten Weltkriegs. Im Laufe der Jahrzehnte waren verschiedene Behörden für das Archiv zuständig. Seit 1946 untersteht es dem Bayerischen Hauptstaatsarchiv.

St. Theresia 1925

4.14 St. Theresia

120 Jahre nach der Säkularisation erlaubte Erzbischof Kardinal Faulhaber 1921 den Karmeliten, sich wieder in München anzusiedeln. In Neuhausen gab es einen Bauplatz für eine geplante St. Nikolauskirche, den die Karmeliten übernahmen, um hier Kirche und Kloster zu bauen. 1922 erfolgte die Grundsteinlegung an der Dom-Pedro-Straße 39, gleichzeitig wählte man die hl. Teresa von Avila als Patronin, der hl. Nikolaus blieb zweiter Patron. Ende des folgenden Jahres stand der Rohbau, 1924 bezogen die Patres ihr neues Kloster. Am 14. Dezember 1924 wurde die Kirche geweiht. Architekt Franz Xaver Boemmel hatte sie nach barocken Vorbildern als weiten Hallenbau gestaltet. Aus städtebaulichen Gründen ist die Kirche nicht geostet. Den Hochaltar schuf Bildhauer Georg Schreiner. Der gesamte Innenausbau zog sich allerdings bis 1935 hin. Weltkriegsbomben trafen Kloster und Kirche. Der vollständige Wiederaufbau dauerte bis 1950. Der Kindergarten kam in den 1960er-Jahren hinzu. 1966 wurde das Kolpinghaus St. Theresia eingeweiht. Für ein Pfarrheim stellte der Orden einen Teil des Klostergartens zur Verfügung. Der Bau nach Plänen des Architekten Alexander von Branca wurde im Dezember 1979 geweiht.

Das benachbarte Kolpinghaus St. Theresia an der Hanebergstraße 8 wurde im April 1966 eröffnet. Das Haus wurde 2006 komplett umgebaut und ist seitdem ein Ausbildungshotel und Blockschüler-Wohnheim für junge Menschen in schwierigen Lebensverhältnissen.

4.15 Ebenau

Noch fast bis Ende des 19. Jh. gab es in dem 1831 erstmals als Ebenau bezeichneten winzigen Weiler nur ein einziges Gehöft an der Straße nach Dachau. Erst als sich Neuhausen Richtung Osten ausdehnte, wurde auch die Ebenau, die direkt an das Oberwiesenfeld grenzte, erschlossen. Woher der Name für das Viertel zwischen Leonrod-, Dachauer Straße und Landshuter Allee kommt, ist unklar. Vermutlich bedeutet er einfach ebene Aue; zuvor hieß das Gebiet Weishaus, auch über die Herkunft und Bedeutung dieses Namens weiß man heute nichts mehr. Die Bebauung der Ebenau begann mit der Eröffnung der Straßenbahnhaltestelle Leonrodplatz 1909. Die für damalige Verhältnisse optimale Anbindung an den öffentlichen Nahverkehr nutzte der Verein für Verbesserung der Wohnverhältnisse in München (heißt seit 1961 Gemeinnütziger Wohnungsverein München 1899 e. V.) zur Errichtung einer sozialen Wohnungssiedlung. Südlich der Dom-Pedro-Straße siedelten sich mehrere Gärtnereien an, die nach dem Zweiten Weltkrieg Wohngebäuden weichen mussten. Gegenüber der Ebenau, auf der anderen Seite der Dachauer Straße, befand sich einst Militärgelände, das nach seiner Auflassung bis Ende der 1980er-Jahre als riesiges Flohmarktareal genutzt wurde. Auch dieses Gebiet wurde inzwischen mit einer Mischung aus Gewerbe- und Wohnhäusern bebaut.

Kleinhaus-Idylle in der Fuetererstraße

4.16 Der Heideckblock

Der Verein für Verbesserung der Wohnverhältnisse von 1899 erwarb ein 9 500 m² großes Grundstück an der Dachauer Straße, um eine Anlage mit günstigen und gesunden Kleinwohnungen zu erbauen. Die meisten Wohnungen hatten nur zwei oder drei Zimmer, ideal für Leute mit wenig Geld. Architekt Johann Mund entwarf den Block aus 24 Häusern mit 224 Wohnungen, der 1911 fertiggestellt war. Zudem beherbergte der Block sechs Ladengeschäfte, eine Brausebadanlage und einen Kindergarten. Im Innenhof gab es 47 Nutzgärten. Die südliche Hälfte des Blocks fiel den Weltkriegsbomben zum Opfer. Der Wiederaufbau war 1952 abgeschlossen.

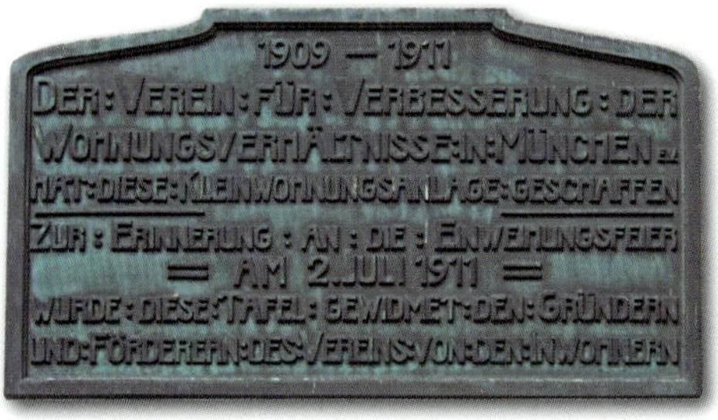

Der Heideckblock (oben eine Postkarte von 1920) war der Startschuss für die Erschließung der Ebenau.

4.17 Der Christus von Neuhausen

1914 erlitt der Neuhauser Gärtner Wolfgang Rank an der Front in Frankreich eine schwere Kopfverletzung. Der 1888 geborene »Gangerl« kehrte als einer der vielen Kriegsversehrten nach München zurück, lebte zehn Jahre recht unauffällig vor sich hin und arbeitete in der elterlichen Gärtnerei. Bis ihm dann 1924 der Herrgott persönlich erschien und sagte: »Ich will dich auf eine hohe Stufe stellen, wenn du ein Leben beginnst, anderen zum Vor-

Gangerls Haus in der Merianstraße 24

bild und zur Mahnung an das letzte Gericht.« Der Gangerl ließ nun Bart und Haare wachsen, kleidete sich wie ein Priester, den Rosenkranz ständig einsatzbereit. Er fastete und betete öffentlich und versuchte, jeden zu bekehren oder zumindest zu ermahnen. Wirtshäuser, forderte er, sollten in Bethäuser umgewandelt werden, Brauereien waren eh verfluchte Lasterhöhlen. Sein Wohnhaus in der Merianstraße 24 beschrieb er mit Bibelsprüchen und schmierte sogar »Ketzer« an die Fassade der evangelischen Christuskirche. 1932 starb er 43-jährig nach einem Sturz an der Kirche St. Theresia. Weil der Gangerl in Neuhausen inzwischen eine Art Original war, nahmen Tausende an seiner Beisetzung im Westfriedhof teil.

4.18 Artillerie-Werkstätten/Kreativquartier/Pathos

»Bestehende Nutzungen werden behutsam weiterentwickelt«, hat sich die Stadt München für das 20 ha große **Kreativquartier** an der Dachauer Straße auf die Fahnen geschrieben. Das Gelände der ehemaligen **Artillerie-Werkstätten** war seit vielen Jahren ein echtes Kreativbiotop mit Künstlerateliers, Off-Theater, gemischter Nutzung und sympathischem Wildwuchs. Seit Herbst 2016 hat das Kompetenzteam Kultur- und Kreativwirtschaft der LH München hier seinen Sitz. Das einstige Flair ist dahin, fast alles ist bereits abgerissen, während dieses Buch entsteht. Die Planung sieht in vier Teilquartieren kulturelle, kreativwirtschaftliche, soziale und gewerbliche Nutzungen vor, dazu mindestens 820 Wohnungen, eine Grundschule, einen Hochschulneubau sowie öffentliche Grünflächen. Die denkmalgeschützten Industriebauten Jutier- und Tonnenhalle bleiben erhalten.

Pathos

Das Pathos wurde 1982 als Pathos transport theater in Räumen der ehemaligen Kasernenanlage gegründet. Damals wie heute versteht es sich als Plattform für zeitgenössische Kunst, Theater und Performance. 2002 begannen Angelika Fink, Jörg Witte und Jürgen Sihler mit dem neuen Format der Kurzproduktionen. Das vom Trägerverein Theater & Company e.V. verwaltete Pathos, damals noch unter der künstlerischen Leitung von Jörg Witte, erhielt erstmals 2004 Spielstättenförderung durch die LH München. Zwei Jahre später eröffnete das Schwere Reiter als neue Spielstätte, nachdem sich Pathos mit Tanztendenz München und Kunstbahnsteig zu einem Mehrspartenhaus zusammengeschlossen hatte. Von 2007 bis 2017 stellte das Kulturreferat als Zwischennutzung weitere Räume für Produktionsbüros, eine Werkstattbühne sowie Ateliers für Künstler und Filmproduktionen zur Verfügung. Ab 2010 war Angelika Fink die künstlerische Leiterin, u. a. von der Stadt damit beauftragt, ein arbeitsfähiges Produktionsteam und internationales Netzwerk für die Freie Szene in München aufzubauen. 2019 übernahmen die Schauspielerin Judith Huber und die Regisseurin Lea Ralfs die Direktion.

4 Kasernenviertel und Ebenau

Postkarte des Eisenbahn-Bataillons von 1912, im Hintergrund das Moosacher Gaswerk

4.19 Eisenbahnerkaserne

Zwischen Dachauer Straße, Hedwig-Dransfeld-Allee und Barackenkasernement Oberwiesenfeld existierte einst das Kasernement des Eisenbahnbataillons. Es wurde 1890 eröffnet, als man das Eisenbahnbataillon von Ingolstadt nach München verlegte. Nach dem Krieg nutzte ab 1950 die Bundeswehr die Kaserne. Teile des Geländes wurden dann für die Anlage des Olympiaparks verkauft. Alte Kasernenbauten ließ die Bundeswehr für den Bau des Rechenzentrums, des Verwaltungsgebäudes der Wehrbereichsverwaltung VI (bis 2013 Außenstelle München der Wehrbereichsverwaltung Süd) und das heutige Kantinengebäude abreißen. Mitte der 1970er-Jahre – das Wehrbereichskommando VI war inzwischen in die Waldmann-Kaserne umgezogen – erwarb die Stadt München große Flächen der Kaserne für Wohnungsbau.

Das 1965 gegründete **Sanitätsamt der Bundeswehr** war ab 2002 in München an der Dachauer Straße zu Hause. Daher ziert das Wappen der Dienststelle der Olympiaturm. 2013 wurde das Sanitätsamt aufgelöst, und ging in der Sanitätsakademie der Bundeswehr in der Ernst-von-Bergmann-Kaserne in Milbertshofen auf.

Heute befinden sich auf dem einstigen Kasernengelände an der Dachauer Straße u. a. der **Landesverband des Technischen Hilfswerks** und außerdem:

Das **Kompetenzzentrum Baumanagement München** (Nachfolger der Wehrbereichsverwaltung Süd, die 2013 aufging im Bundesamt für das Personalmanagement der Bundeswehr und Bundesamt für Infrastruktur, Umweltschutz und Dienstleistungen der Bundeswehr)

Das **Truppendienstgericht Süd**. Seit 2001 gibt es zwei Truppendienstgerichte in Deutschland, die über Disziplinarverfahren gegen Soldaten und für Verfahren über Beschwerden von Soldaten zuständig sind: Nord mit Sitz in Münster und Süd mit Sitz in München.

Das **Karrierecenter der Bundeswehr,** das viele Ältere noch als ungeliebtes Kreiswehrersatzamt kennen. Mit Abschaffung der Wehrpflicht wurden 2012 die Kreiswehrersatzämter, so auch das in München, aufgelöst. Der Gebäudekomplex mit viel Grün entstand 1978/1983 nach Plänen von Fritz Novotny und Arthur Mähner, damals vom Münchner Merkur als einer der »schönsten Neubauten der Nachkriegszeit« bejubelt.

Das **Bundeswehr-Dienstleistungszentrum München**, eine von deutschlandweit 43 dem Bundesamt für Infrastruktur, Umweltschutz und Dienstleistungen der Bundeswehr untergeordnete Ortsbehörden.

Eine Servicestation der 2017 gegründeten **Bw Bekleidungsmanagement GmbH**, kurz: BwBM, dem Nachfolger der 2002 gegründeten LH Bundeswehr Bekleidungsgesellschaft, die 2016 insolvent ging.

4.20 Hallenkultur

siehe S. 107

Das historische Gebäude an der Hedwig-Dransfeld-Allee dient weiterhin der Bundeswehr

Hallenkultur

Legendär war das ehemalige Militärgelände an der Dachauer Straße aber vor allem wegen der Nutzung in den 1980er-Jahren: Hier befand sich ein riesiger **Wochenend-Flohmarkt**. Graffitisprayer nutzten die teils 8 m hohen Hallenwände als Malflächen, Künstler aus aller Welt trafen sich hier. Das Flohmarktgelände war zeitweise die größte **Hall of Fame** Europas und viele Arbeiten stilbildend für die Entwicklung der Streetart weltweit.
1983 eröffnete Bonger Voges in einer der Armeehallen als Zwischennutzung sein legendäres Tanztheater Neger, im Volksmund schnell **Negerhalle** genannt. Neben der Alabamahalle damals die zweite Off-Location, in der Konzerte, Theaterabende, kulturelle Veranstaltungen und Partys stattfanden. Weil besonders gerne Acid gespielt wurde, gilt die Negerhalle als eine der Geburtsstätten der Münchner Raves. 1989 schloss die Halle, der Gründer Bonger Voges zog nach Berlin.
Gleich gegenüber der Negerhalle stand die **ETA-Halle,** von Gary Winter im Jahr 1982 eröffnet. Auch hier fanden vor allem Theaterveranstaltungen und die legendären Wasteland Partys statt. Die ETA-Halle war einer der ersten Underground-Clubs für elektronische Tanzmusik. 1988/89 war auf dem freien Gelände daneben ein riesiges, viermastiges Zirkuszelt aufgebaut: **Die Macht der**

Eingang zur Negerhalle

Nacht lud ein. Die von Willi Wermelt erdachte Wanderdiskothek war damals der absolute Publikumsmagnet. Profigogos tanzten zu Acid House, Artisten flogen unter der Zirkuskuppel, nackte Frauen mit Bodypaintings empfingen die Gäste, Star-DJs legten auf. Die Macht der Nacht war so erfolgreich, dass manche Clubs am Wochenende schließen mussten.
Hallen und Flohmarkt mussten 1992 endgültig den Abrissbaggern weichen. Heute befinden sich auf dem Gelände Wohnungsbauten und das Goethe-Institut.

Riesen-Graffito von Loomit (durch das Tor in der Mitte passen Panzer)

4.21 Strafjustizzentrum

Auch das neue Strafjustizzentrum wird bald auf dem Gelände zu Hause sein. Das bisherige Gebäude aus den 1970ern an der Nymphenburger Straße ist längst zu klein und marode. Am 25. November 2015 erfolgte der Spatenstich für den rund 300 Mio. Euro teuren Neubau am Leonrodplatz. Seinerzeit das größte öffentliche Bauprojekt des Freistaats Bayern. Auf ca. 39 000 m² Fläche entsteht ein fünf-, sechs- und zum Leonrodplatz hin siebenstöckiger Gebäudekomplex mit drei Innenhöfen und 54 Sitzungssälen. Für Verfahren mit großem öffentlichem Interesse ist ein Saal mit 290 m² geplant. Viel Glas wird die Fassaden transparent gestalten. Anarchistische Gruppen haben schon vor Baubeginn zu Sabotageaktionen aufgerufen. In der Umgebung wurden Wände beschmiert und Autos angezündet. Mehr als 300 Straftaten in diesem Zusammenhang notierte die Polizei. Man bedrohte auch das ausführende Architekturbüro Frick Krüger Nusser Plan2 GmbH, das seitdem unter Polizeischutz steht.

Nach der Fertigstellung im Jahr 2021 wird das neue Zentrum die Strafabteilungen des Münchner Amtsgerichts und der Landgerichte München I und II, die Strafsenate des Oberlandesgerichts und die Staatsanwaltschaften München I und II beherbergen. 1300 Menschen sollen im neuen Strafjustizzentrum arbeiten.

Illustration des Strafjustizzentrums

4.22 Goethe-Institut

Nach dem Ende des Ersten Weltkriegs hatte das Ansehen Deutschlands einen (vorläufigen) Tiefpunkt erlangt. Um die deutsche Sprache und die Verbreitung der deutschen Kultur international zu fördern, wurde am 5. Mai 1925 in München die Akademie zur Wissenschaftlichen Erforschung und Pflege des Deutschtums, kurz Deutsche Akademie (DA), gegründet, »die einem freien deutschen Volkstum helfen will, in zäher und zielbewusster Arbeit seinen Platz an der Sonne wieder zu erringen«, wie es damals hieß. Zu den Gründungsvätern des privaten Vereins zählten Georg Pfeilschifter, Rektor der Ludwig-Maximilians-Universität, Hermann Oncken und Karl Haushofer. Der Verein war zunächst in der Residenz, dann im Maximilianeum zu Hause. Nach einer Umstrukturierung stand ab 1928 die Förderung der deutschen Sprache im

Ausland im Mittelpunkt. 1933 unterwarf sich die DA bereitwillig der NS-Ideologie – und schmiss kurzerhand unerwünschte Mitglieder wie Konrad Adenauer, Max Liebermann und Thomas Mann raus. 1939 musste der Präsident, der SA-Standartenführer Professor Leopold Köhl, wegen angeblicher »Unzucht mit Männern« zurücktreten. Ab 1941 verleibte sich Propagandaminister Joseph Goebbels die DA als Waffe für den Kulturkampf für seine Zwecke ein. 105 Lektorate und rund 250 Sprachschulen wurden nun in besetzten, verbündeten und neutralen Staaten betrieben.

Nach dem Krieg lösten die Amerikaner am 31. Dezember 1945 die Akademie auf. 1950 wurde die Deutsche Akademie erneut gegründet, vor allem, um das nicht unerhebliche Vermögen der alten DA vom Freistaat Bayern zurückzufordern. man einigte sich durch einen Vergleich und 1951 erfolgte die Gründung des Goethe-Instituts, bei dem in den Anfangsjahren weiterhin viele ehemalige DA-Mitarbeiter das Sagen hatten. 1952 eröffnete das erste Goethe-Institut in Athen, ein Jahr später bot man die ersten Sprachkurse an. Bis 1960 wurden alle staatlichen westdeutschen Kulturinstitutionen im Ausland unter dem Dach des Goethe-Instituts zusammengefasst.

Im September 2000 fusionierte das Institut mit dem 1952 in Bonn gegründeten Inter Nationes, ein Verein zur Herstellung und zum Vertrieb von Informationsmaterial über deutsches Kulturgut im Ausland, und nannte sich für drei Jahre Goethe Institut Inter Nationes. Das Institut unterhält Niederlassungen in zwölf Städten Deutschlands sowie 159 Institute und Verbindungsbüros in 98 Ländern (Stand 2018). Etwa weitere eintausend Einrichtungen von ausländischen Kooperationspartnern fördert oder berät das Goethe-Institut weltweit. Arbeitsschwerpunkt ist weiterhin die Förderung der deutschen Sprache und Kul-

tur im Ausland und die Vermittlung eines ebenso umfassenden wie zeitgemäßen Deutschlandbilds.
Im Sommer 2019, so der Plan, während dieses Buch entsteht, zieht das Institut von Neuhausen in die Maxvorstadt. Der Grund: Die Anfang der 1990er-Jahre errichtete Hauptverwaltung an der Dachauer Straße 122 entspricht nicht den Anforderungen des Brandschutzes und muss für voraussichtlich mehrere Jahre renoviert werden. Alle 470 Mitarbeiter werden künftig am Oskar-von-Miller-Ring 18 unterkommen.

4.23 Gertrud-Bäumer-Schule

Eine der jüngsten Schulen Neuhausens ist die 1996 eröffnete Grundschule an der Gertrud-Bäumer-Str. 19, deren Einzugsgebiet sich bis zu den neuen Wohnanlagen am Ackermannbogen hinzieht.. »Gemeinsam einzigartig!« ist das Motto der Schule, die auch ein Tagesheim bietet.

4.24 FC Teutonia

1905 gründete sich im Restaurant Frohsinn (Hiltenspergerstraße 15) der Fußballclub Union zum Zwecke der »Hebung der Bewegungsspiele«. Vereinsfarben wurden die Stadtfarben: Schwarz-Gelb. 1928 änderte man den Namen in »Fußball Club Teutonia e. V.«, im Jahr zuvor hatte die 1. Mannschaft den bayerischen Bezirkspokal gewonnen. 1933 wurde der Verein aufgelöst und mit dem Deutschen Sportverein München zum 1. FC München 05 zusammengeschlossen. Dem neuen Verein war kein langes Leben beschert, schon 1937 kehrte der FC Teutonia zurück. Nach dem Zweiten Weltkrieg stieg der FC Teutonia kontinuierlich ab. 2017/18 belegte die 1. Mannschaft den 7. Platz in der Kreisklasse München 4. Seit 1955 nutzt der Verein das Stadion auf dem Oberwiesenfeld, das 1951 vom Bund Bayerischer Motorsportler für Speedway- und Sandbahnrennen gebaut worden war. 2016 zerstörte ein Großbrand Teile des Vereinsgebäudes.

4.25 Ost-West-Friedenskirche

Münchens ehemaliger Oberbürgermeister Christian Ude nannte die Kirche einst den »liebenswertesten Schwarzbau Münchens«. Der russische Flüchtling Timofei Wassiljewitsch Prochorow, genannt Väterchen Timofei, hatte sich gemeinsam mit seiner Frau Natascha nach dem Krieg am Trümmerberg auf dem ehemaligen Oberwiesenfeld aus Schutt und Fundstücken ein Haus samt einer Kirche und einer Kapelle gebaut. Angeblich, so Timofei, habe er während des Zweiten Weltkriegs eine Marienerscheinung gehabt. Die Muttergottes habe ihm aufgetragen, nach Westen zu ziehen und für sie eine Kirche zu erbauen. Also verließ er Russland, seine beiden Kinder und die hochschwangere Gattin.
1944 lernte er in Wien seine Natascha kennen. Eine Vision später zog das Paar nach München. In der dritten Vision schließlich beauftragte Maria den Timofei, die Kirche auf dem Oberwiesenfeld zu bauen. Das fertige Bau werk wollte er der katholischen Kirche oder der russisch-orthodoxen Kirche andienen. Doch beide lehnten ab. Für die Katholiken war sie zu orthodox, für die Orthodoxen zu katholisch. Also feierte Timofei seine eigene Liturgie. Nur Eheschließungen lehnte er ab. Als auf dem Gebiet das Olympiagelände errichtet werden und Timofei vertrieben werden sollte, sorgten massive Bürgerproteste dafür, dass der alte Mann mit seiner Lebensgefährtin Natascha bleiben durfte und stattdessen das Gelände verschoben wurde. 1977 starb Natascha. 2004 verstarb Timofei (wohl geboren am 22. Januar 1894) im Alter von angeblich 110 Jahren. Sein Anwesen (Spiridon-Louis Ring 100) ist heute noch zu besichtigen.

Münchens »liebenswürdigster Schwarzbau«

Neuhausen-Nymphenburg • Service und Tipp

Neuhausen und Nymphenburg sind in weiten Bereichen reine Wohngegenden. Eine Auswahl an Einkaufsmöglichkeiten, Kneipen, Cafés etc. konzentriert sich entlang des Rotkreuzplatzes und der Nymphenburger Straße. Hier eine kleine, mutwillige Auswahl an Gastro- und sonstigen Tipps ohne Gewähr auf Aktualität:

Gastro

3D Restaurant & Bar
Stupfstr. 6
international

Abyssinia Restaurant Teff
Dachauer Str. 189
äthiopisch

Acetaia
Nymphenburger Str. 215
italienisch

Acetaia
Nymphenburger Str. 215
italienisch

Al Shaam
Leonrodstr. 45
libanesisch

Alex
Rotkreuzplatz 8
international

Alpenraum
Frundsbergstr. 17
Architekturbüro, Laden und Café

Amadeo
Paschstr. 46
italienisch

Aoi Ramen Izakaya
Volkartstr. 22
japanisch

Augustiner am Dante
Dantestr. 16
bayrisch

Badshah
Birkerstr. 10
indisch

Beim Krauter
Elvirastr. 9
Tagescafé

Bollywood
Donnersbergerstr. 44
indisch

Broeding
Schulstr. 9
international (Gourmet)

Brünner Eck
Fasaneriestr. 3C
böhmische Küche

Butter
Blutenburgstr. 90
Café

Café am Rotkreuzplatz
Rotkreuzplatz 2

Cafe Bar Mellow
Dachauer Str. 159

Café Neuhausen
Blutenburgstr. 106
beliebte Café-Kneipe mit schönem altem Kaffeehausambiente

Café Wohnwerk
Schäringerplatz 13

Canal Grande
Ferdinand-Maria-Str. 51
italienisch

Chang Noi Lounge
Schlörstr. 1
thailändisch

Chantra
Nymphenburger Str. 152a
thailändisch

Chopan
Elvirastr. 18a
afghanisch

Cyclades
Frundsbergstr. 46
griechisch

Da Piccolo
Nymphenburger Str. 174
Café

Dehbaschi
Dachauer Str. 36
persisch

Die Brasserie
Hirschgartenallee 41
französisch

Emporio Italiano
Volkartstr. 16
italienisch

Ewiges Licht
Arnulfstr. 214
bayrisch

Ewiges Licht
Wälsungenstr. 1
bayrisch

Florenz
Helene-Weber-Allee 9
italienisch

Fuji Sushi & Nudel
Nymphenburger Str. 151
japanisch

Das Kult-Eiscafé Sarcletti 1950

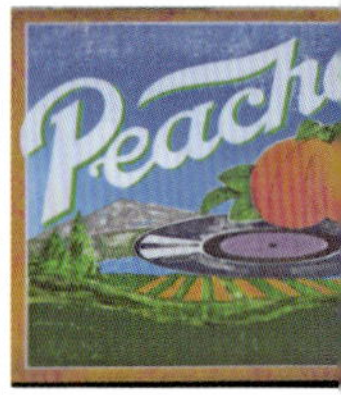

Gerners Wirtshaus & Bar
Dantestr. 33
bayrisch

Goldene Rakete
Schulstr. 2
Burger

Gran Sasso
Ebenauer Str. 1
Pizzeria

Green Cantine
Nymphenburger Str. 84
»Microgreens aus eigener Farm«, aha

Großwirt
Volkartstr. 2
Neuhausens älteste Gaststätte

Gut Nederling
Nederlinger Str. 78
bayrisch

Ha Long Bay
Hilblestr. 26
asiatisch

Hans im Glück
Nymphenburger Str. 69
das hier ist der Ur-Hans im Glück

Hechtsprung
Homerstr. 3
Gastro im Dantebad

Hirschgarten
Hirschgartenallee 1
mit 8 000 Plätzen der größte Biergarten in München

Hofbräu am Gerner
Hanebergstr. 1
Vereinsgaststätte

Il Galeone
Nymphenburger Str. 128
italienisch

Il Golfo
Hirschgartenallee 38
italienisch

Il Melograno
Blutenburgstr. 37
italienisch

Il Trullo
Albrechtstr. 32
italienisch

Jagdschlössl
Nymphenburger Str. 102
bayrisch

Jaipur Palace
Leonrodstr. 20
indisch

Kaffee Espresso Kolonial
Donnersbergerstr. 39
Café

Kam Lung
Blutenburgstr. 53
chinesisch

Kitchen2Soul
Schlörstr. 4
Café

Kurfürst Maximilian La Trattoria
Waisenhausstr. 63
italienisch

Kurgarten Wirtshaus
De-la-Paz-Str. 10
bayrisch

Kyklos
Wilderich-Lang-Str. 10
angeblich Münchens ältester Grieche

La Tasca Nueva
Mettinghstr. 2
spanisch

Laifufu Teesalon
Maillingerstr. 14
Café

Löwengarten
Volkartstr. 32
bayrisch

Maharaja
Blutenburgstr. 79
indisch

Malzraum
Artilleriestr. 5
gehobene bayrische Küche

Marbella Tapas Bar
Horemansstr. 30
spanisch

Marita
Schulstr. 34
Café

Marlene
Maillingerstr. 14
Café

Matados
Leonrodstr. 73
kleines, gemütliches Steakhaus

Maui
Nymphenburger Str. 151
hawaiianisch

Milch & Honig
Heideckstr. 16-18
Café

Muffins 'n' More
Volkartstr. 25
Café

Neuhauser
Schulstr. 28
italienisch

Neuhauser Augustiner
Hübnerstr. 23
bayrisch

Neuhauser Wohnküche
Lachnerstr. 1
regional-international

New Delhi
Hirschbergstr. 1
indisch

News Bar
Leonrodstr. 77
Café, Bar

Noah's
Blutenburgstr. 112
Pizzeria

Nymphenburger Hof
Nymphenburger Str. 24
gehobene bayrische Küche

Osteria Da Antonio
Fasaneriestr. 4
italienisch

Osteria da Massimo
Dietrichstr. 2
italienisch

Osteria La Luna
Wendl-Dietrich-Str. 17
italienisch

Osteria Mugolone
Maillingerstr. 12
italienisch

P.Korn Restaurant & Steaks
Gabrielenstr. 6
Steakhouse

Palermo Pizza
Dom-Pedro-Str. 24
italienisch

Palmenhaus
Schloss Nymphenburg 45
international

Pardi
Volkartstr. 24
türkisch

Peaches
Donnersbergerstr. 50a
Ja, es gibt es noch! Ein echtes Peaches (lasst es euch von euren Eltern erklären ;)). Tex-Mex und 5-Liter Cocktails

Piacere Nuovo
Donnersbergerstr. 54
italienisch

Pizza Piccola
Volkartstr. 51
italienisch

Pizza Verde
Blutenburgstr. 50
italienisch

Pizzazza
Nymphenburger Str. 180
italienisch

Poseidon
Leonrodstr. 85
griechisch

Puro Bar e Cucina
Nymphenburger Str. 191
italienisch

Quan Com
Wendl-Dietrich-Str. 4
vietnamesisch

Richel's
Richelstr. 10
bayrisch

Rick's Café
Wendl-Dietrich-Str. 5
Café

Ristorante Ischia
Alfonsstr. 7
italienisch

Ristorante Roma
Dom-Pedro-Str. 6
italienisch

Romans
Romanstr. 1
italienisch

Rorando
Heideckstr. 2a
Café

Rüen Thong
Thorwaldsenstr. 19
thailändisch

Ruffini
Orffstr. 22
seit Jahrzehnten die Legende unter den alternativen Cafés

Ryan's Muddy Boot
Schlörstr. 10
irischer Pub

RYU
Blutenburgstr. 31
asiatische Fusionküche

S'Maillinger
Maillingerstr. 4
bayrisch

Sappralott
Donnersbergerstr. 37
bayrisch-international

Sarcletti
Nymphenburger Str. 155
legendäres Eiscafé

Schlosswirtschaft Schwaige
Schloss Nymphenburg 30
Restaurant im Schloss Nymphenburg

Sebo's Cafe
Leonrodstr. 29
Café

Shiraj
Leonrodstr. 56
indisch

Taj Krishna
Nymphenburger Str. 193
indisch

Taj Mahal
Nymphenburger Str. 145
indisch

Tanpopo
Maillingerstr. 6
japanische Konditorei, Café

The Tribeca
Klugstr. 134
Café

The Victorian House Rotkreuzplatz
Ysenburgstr. 13
very british: tea, breakfast, brunch

Tiziano
Gerner Str. 48
italienisch

Trattoria Bellini
Nymphenburger Str. 120
italienisch

Trattoria Kurfürst Maximilian
Waisenhausstr. 63
italienisch

Trattoria Le Terrazze
Paschstr. 46
italienisch

Trattoria Teutonia
Schwere-Reiter-Str. 13
Sportplatz-Gaststätte

Villa Dante
Dantestr. 22
italienisch

Vinh's
Leonrodstr. 27
thailändisch

Volkart
Volkartstr. 15
Bar de Tapas

Wasabi
Volkartstr. 22
japanisch

Wassermann
Elvirastr. 19
bayrisch-international

Wein Feldmann
Elvirastr. 11
Weinstube seit 1931

Weinwirtschaft
Nymphenburger Str. 136
bayrisch-bürgerlich

Yak & Yeti
Blücherstr. 1
Himalayan Food House

Yee Chino
Helene-Weber-Allee 19
asiatisch

Ysenegger
Ysenburgstr. 3
bayrisch

Zapata
Schulstr. 44
Tex-Mex

Zauberberg
Hedwigstr. 14
international (Gourmet)

Zoe's Kitchen
Blutenburgstr. 112
Café

Zum Koreaner
Nymphenburger Str. 132
koreanisch

Zur Geyerwally
Landshuter Allee 165
bayrisch

Nachtleben

Backstage
Reitknechtstr. 6
Live-Event-Location

Gorilla-Bar
Hirschbergstr. 23
Bar

Hide Out 2
Volkartstr. 2
Musik- und Entertainment-Club mit Live-Musik

Bücher

Die Bücherinsel
Romanplatz 2

Hugendubel
Nymphenburger Str. 168

Rabenmütter Verlag & Shop
Frundsbergstr. 13
Postkarten, Bücher, Mode & Diverses

CoLibris Buchhandlung
Leonrodstr. 19

Bibliothek

Stadtteilbibliothek Neuhausen
Nymphenburger Str. 171a

Kino

Neues Maxim
Landshuter Allee 33

Special

Das Schloss
Schwere-Reiter-Str. 15
Event-Location mit Live-Veranstaltungen

Die Straßennamen

Wer waren all die Menschen – von Aiblinger bis Zuccalli –, nach denen viele Straßen in Neuhausen und Nymphenburg benannt sind? Und woher kommen diese seltsamen Namen wie Aldringen oder Sinold ... Diese und alle weiteren Fragen zur Herkunft der Straßennamen im Viertel werden hier beantwortet.

Aiblingerstraße

(seit 1891) Der Komponist Johann Kaspar Aiblinger (1779-1867) war Kapellmeister an der »Italienischen Oper«, wurde 1826 Hofkapellmeister am kgl. Hof- und Nationaltheater und wirkte zuletzt an der Allerheiligen-Hofkirche.

Alarichstraße

(seit 1925) Der westgotische Heerführer Alarich (ca. 370-410), früher als »König« bezeichnet, was heute sehr umstritten ist, fiel mehrfach mit seinen Truppen in Italien ein und plünderte schließlich Rom im Jahr 410.

Albrechtstraße

(seit 1890) Gleich drei bayerischen Herzögen ist diese Straße gewidmet: Albrecht III. der Fromme (1401-1460), Albrecht IV. der Weise (1447-1508) und Albrecht V. der Großmütige (1528-1579).

Aldrianstraße

(seit 1929) »Er ist geborn von Tronege, sin vater hiez Aldrian«, heißt es im *Nibelungenlied* zu Hagen von Tronje. Ein einziges Mal als »Vater von« erwähnt zu werden, reichte offenbar für eine Straßenbenennung.

Aldringenstraße

(seit 1906) Der kaiserliche Feldmarschall Johann Graf von Aldringen (1588-1634) diente während des Dreißigjährigen Krieges der Katholischen Liga und beteiligte sich an der Verschwörung gegen Wallenstein. Er fiel bei der Eroberung Landshuts durch die Schweden – als er versuchte, mit seinem Pferd durch die Isar zu fliehen, wurde er erschossen.

Alfonsstraße

(um 1891) Alfons Maria Franz Clemens Maximilian von Bayern (1862-1933) war der Sohn von Prinz Adalbert von Bayern und der spanischen Infantin Amalia del Pilar.

Altmühlstraße

(seit 1921) Die Altmühl ist ein 227 km langer Nebenfluss der Donau.

Amelungenstraße

(seit 1929) Amelungen heißen sie nur in altdeutschen Dichtungen wie dem *Nibelungenlied*. Historiker kennen das ostgotische Herrschergeschlecht als Amaler. Bekanntester Amaler war König Theoderich der Große (415-526), der 493 in Italien ein Ostgotenreich schuf und als »Dietrich von Bern« in der mittelalterlichen Heldendichtung weiterlebte.

Amigonistraße

(seit 1921) Der italienische Maler Jacopo Amigoni (1675-1752) tourte quer durch Europa. In München arbeitete er von 1715 bis 1729 und schuf u. a. Fresken in den Schlössern Schleißheim und Nymphenburg sowie Gemälde für die Frauenkirche.

Amortstraße

(seit 1898) Der Moraltheologe und Kirchenrechtler Eusebius (eigentl. Thomas) Amort (1692-1775) gehörte zu den Gründungsmitgliedern der Bayerischen Akademie der Wissenschaften. *In Hausnr. 1 lebte der Karikaturist **Karl Arnold**.*

Amperstraße

(seit 1931) Die Ammer fließt in den Ammersee und wenn sie ihn verlässt, heißt sie Amper.

Andréestraße

(seit 1900) Andreas Joseph Andrée (1737-1807) war Musiker und Kammerrat unter Kurfürst Karl Theodor.

Anita-Augspurg-Allee

(seit 1989) Anita Augspurg (1857-1943) gründete mit Sophia Goudstikker in München das legendäre Fotostudio Elvira. Sie war Aktivistin des radikalen Flügels der bürgerlichen Frauenbewegung und bekennende Pazifistin. 1915 zählte sie zu den Initiatorinnen des Internationalen Frauenfriedenskongresses in Den Haag. Seit 1994 verleiht die Stadt München jährlich den Anita-Augspurg-Preis zur Förderung der Gleichberechtigung von Frauen.

Arnulfstraße

(seit 1890) Arnulf Prinz von Bayern (1852-1907), der jüngste Sohn des

Mercedes Benz an der Arnulfstraße

Die Straßennamen

Vorstadthaus, Blutenburgstraße 114 (1900)

Colonialwarenhandlung, Blutenburgstraße 15 (1910)

Prinzregenten Luitpold, diente sein Leben lang in der Bayerischen Armee, zuletzt als Generalfeldmarschall. Vorher hieß sie Salzstraße, weil hier der städtische Salzstädel lag.

Artilleriestraße

(seit 1893) Ganz in der Nähe befand sich die Max-II-Kaserne, in der mehrere Artillerieregimenter stationiert waren.

Bäumlstraße

(seit 1955) Als sich Albert Bäuml (1855-1929) im Jahr 1887 um die Leitung der Kgl. Bayerischen Porzellanmanufaktur in Nymphenburg bewarb, war diese so heruntergewirtschaftet, dass die kurz vor der Schließung stand. Bäuml schaffte die Kehrtwende und gilt als Erneuerer der Porzellanmanufaktur.

Baldurstraße

(seit 1900) Baldur ist in der nordischen Mythologie der Gott der Sonne, des Lichts, des Frühlings, des Guten und der Gerechtigkeit.

Balmungstraße

(seit 1929) Im *Nibelungenlied* heißt Siegfrieds Schwert Balmung (bei Richard Wagner Nothung und in der nordischen Mythologie Gram).

Bandelstraße

(seit 1900) Der Bildhauer Ernst von Bandel (1800-1876) wirkte eine Zeitlang in München, ging aber 1834 nach Berlin. Sein bekanntestes Werk: das *Hermannsdenkmal* im Teutoburger Wald.

Barellistraße

(seit 1906) Der Architekt Agostini Barelli (1629-1697) schuf in München die Theatinerkirche sowie Gebäudeteile in Schloss Nymphenburg und der Residenz.

Bayersdorferstraße

(seit 1928) Der Kunsthistoriker Adolf Bayersdorfer (1842-1901) war Konservator der Alten Pinakothek und Verwalter der Staatlichen Gemäldegalerien in München.

Bernabeistraße

(seit 1903) Der italienische Organist und Komponist Giuseppe Antonio Bernabei (1649-1732) diente ab 1688 als Hofkapellmeister in München.

Birkerstraße

(seit 1894) Früher bezeichnete man lichte Birkenwäldchen als Birker oder Birket.

Birketweg

(vor 1894) siehe Birkerstraße

Biterolfstraße

(seit 1929) Biterolf, König von Toledo, ist eine Figur aus dem mittelhochdeutschen Epos *Biterolf und Dietleib*.

Blücherstraße

(seit 1903) Der preußische Generalfeldmarschall Gebhard Leberecht von Blücher (1742-1819) bekam in den Befreiungskriegen wegen seines offensiven Vorgehens den Beinamen »Marschall Vorwärts«. 1815 besiegte Blücher gemeinsam mit Wellington in der Schlacht bei Waterloo Napoleons Truppen.

Blutenburgstraße

(seit 1877) Das kleine Jagdschlösschen mit Wassergraben »Blu(e)tenburg« im Münchner Westen wurde 1432 erstmalig erwähnt. Der Ausbau zur heutigen Burganlage erfolgte erst gegen Ende des 15. Jh.

Böcklinstraße

(seit 1903) Der Maler Arnold Böcklin (1827-1901) gilt als einer der Hauptvertreter des deutschen Symbolismus, der wie kaum ein Zweiter die Surrealisten beeinflusste. In seiner Münchner Zeit von 1871-1874 entstand u. a. das berühmte *Selbstbildnis mit fiedelndem Tod*.

*In Hausnr. 25 lebte der Maler **Julius Adam**, in Nr. 29 der Maler **Philipp Röth**.*

Bolivarstraße

(seit 1931) Der südamerikanische Nationalheld Simón José Antonio de la Santísima Trinidad Bolívar Palacios y Blanco (1783-1830) führte die Unabhängigkeitskriege gegen die spani-

In der Bothmerstraße (heute und 1910)

sche Kolonialmacht in Venezuela, Kolumbien, Panama und Ecuador. Er gründete 1821 Großkolumbien (Venezuela, Ecuador und Neugranada), das er als Präsident regierte. Er griff auch entscheidend in den Befreiungskampf jener Region ein, die sich dann ihm zu Ehren Bolivien nannte.

Bothmerstraße

(seit 1898) 1) Felix Ludwig Graf von Bothmer (1852-1937) war bayerischer Generaloberst im Ersten Weltkrieg. 2) Sein Vater Maximilian von Bothmer (1816-1878) diente als bayerischer Generalleutnant und Generalquartiermeister.

Braganzastraße

(seit 1900) Die Adelsfamilie Braganza (Bragança) stellte portugiesische Könige sowie brasilianische Kaiser und heiratete gerne mal nach München. Dom Pedro I. ehelichte Amélie von Leuchtenberg – die Enkelin König Max I. Joseph wurde so Kaiserin von Brasilien. Der Augenarzt Carl Theodor Herzog in Bayern war mit der portugiesischen Infantin Maria José von Bragança verheiratet.

Bruckmannstraße

(seit 1900) Friedrich Bruckmann (1814-1898) gründete 1858 den Verlag für Kunst und Wissenschaft in Frankfurt (ab 1863 in München), er gab die erste deutsche Kunstzeitschrift *Die Kunst für Alle* heraus.

Brunhildenstraße

(seit 1900) Brunhilde (brunni althd. für Brustpanzer und hiltja für Kampf, also gepanzerte Kämpferin) ist eine Figur aus dem nordischen Sagenkreis, die sowohl im *Nibelungenlied* als auch in anderen Sagen auftaucht.

Burghausener Straße

(seit 1903) In der Stadt Burghausen (ca. 19 000 Einwohner) befindet sich hoch über der Salzach die mit 1 051 m längste Burganlage der Welt.

Bustellistraße

(seit 1954) Der Bildhauer Franz Anton Bustelli (1723-1763) gilt als einer der bedeutendsten Rokoko-Porzellankünstler. Er arbeitete von 1754 bis zu seinem Tod als Modellmeister in der Nymphenburger Porzellanmanufaktur und schuf u. a. die 16 Figuren der Commedia dell'arte.

Canalettostraße

(seit 1906) Canaletto hieß eigentlich Bernardo Bellotto (1721-1780). Der Venezianer wurde mit seinen realistischen Stadtansichten berühmt. In München malte er 1761 zwei Ansichten von Nymphenburg und ein Panorama der Stadt.

Christoph-Rapparini-Bogen

(seit 2006) Der Kastrat und kurfürstlicher Kammervirtuose Cristoforo Rapparini (gest. 1742) war von 1734 bis zu seinem Tod an der Münchner Oper engagiert. Bevor er sein neu gebautes Haus am nördlichen Schlossrondell beziehen konnte, verstarb er.

Claire-Watson-Straße

(seit 2006) Die US-amerikanische Sopranisten Claire Watson (1924-1986) gehörte von 1958 bis 1976 zum Ensemble der Bayerischen Staatsoper. Sie glänzte vor allem in lyrischen Partien von Mozart, Strauss und Verdi.

Dachauer Straße

(seit 1877) Die Straße führte direkt

Mural von Liqen in der Dachauer Straße

Street-Art für triste Kasernen: Carl Reiser beim Malen seines Vogesenbildes auf die Wand des Werkstattgebäudes des I. Feld-Artillerie-Regiments an der Dachauer Straße

vom Münchner Zentrum zur Stadt Dachau. Sie ist mit 11,2 km Länge die längste Straße Münchens. Im Mittelalter hieß die Straße in Stadtnähe noch Mosserstraße (Moosacher Straße).

Dall'Armistraße

(seit 1912) Der Tabakindustrielle Heinrich (von) Dall'Armi (1846-1922) war Münchner Gemeindebevollmächtigter der liberalen Partei (1890-1908), er gründete und finanzierte das Münchner Bürgerheim (1910) sowie das Dall'Armi Heim für treue Dienstboten (1917).

Dankwartstraße

(seit 1929) Im *Nibelungenlied* ist Dankwart (bedeutet Hüter des Gedenkens) der Bruder des Hagen von Tronje.

Dantestraße

(seit 1900) Dante Alighieri (1265-1321), Schöpfer der *Göttlichen Komödie*, wird bis heute als größter Dichter Italiens verehrt.

De-la-Paz-Straße

(seit 1902) Die spanische Infantin María de la Paz de Bourbón (1862-1946) heiratete den bayerischen Prinzen Ludwig Ferdinand. Sie engagierte sich karitativ, so unterstützte sie z. B. auch alle aus dem KZ Dachau befreiten Spanier (meist Kommunisten und Anarchisten).

Demollstraße

(seit 1961) Reinhard Demoll (1882-1960) war ab 1918 Professor für Zoologie und Fischkunde an der Münchner Universität und engagierte sich im Gewässerschutz.

Dießener Straße

(seit 1982) Der Vorläuferort von Dießen am Ammersee, früher auch Bayerndießen genannt, lag schon in grauer Vorzeit an der Römerstraße von Augsburg nach Oberitalien. Heutiges Wahrzeichen ist das 1739 geweihte Marienmünster.

Dietleibstraße

(seit 1929) Dietleib von Steier (in nordischen Sagas Thetleif der Däne) ist der Held des mhd. Heldenepos *Biterolf und Dietleib*. In der *Thidrekssaga* ist er der Kampfgenosse Dietrichs von Bern.

Döllingerstraße

(seit 1900) Der katholische Theologe Ignaz von Döllinger (1799-1890) zählte zu den Hauptgegnern der neuen Papstdogmen von Pius IX. Vor allem die Unfehlbarkeit des Papstes lehnte er kategorisch ab, das brachte ihm 1871 die Exkommunikation ein. 1872 wurde er Rektor der Münchner Universität und ein Jahr später Präsident der Bayerischen Akademie der Wissenschaften.

Dom-Pedro-Platz/ -Straße

(seit 1899/1900) Dom Pedro de Alcântara Francisco António João Carlos Xavier de Paula Miguel Rafael Joaquim José Gonzaga Pascoal Cipriano Serafim de Bragança e Bourbon (1798-1834) war von 1822 bis 1831 Kaiser von Brasilien. Anlässlich seiner Vermählung mit Amélie von Leuchtenberg, der Enkelin Königs Max I. Joseph, richtete das Brautpaar eine Stiftung für das Münchner Waisenhaus ein.

Donnersberger-brücke/-straße

(seit 1896/1895) Brücke und Straße wurden nach dem aus einem alten Münchner Patriziergeschlecht stam-

Donnersbergerstraße

Donnersbergerstraße 47 (1910)

menden Geheimrat und kurfürstlichen Kanzler Joachim Freiherr von Donnersberg (1561-1650) benannt. Die Straße hieß einst bis 1877 Sendlinger Straße, dann Uhlmannstraße. *In Hausnr. 50a wuchs der »Monaco Franze«* ***Helmut Fischer*** *auf.*

Ebenauer Straße

(seit 1900) Die einstige Einöde Ebenau gehörte einst zur Gemeinde Nymphenburg und ist heute ein Teil Neuhausens.

Eddastraße

(seit 1904) Die *Edda* sind zwei altisländische Sammlungen von skandinavischen Helden- und Göttersagen aus dem 13. und 14. Jh.

Eisnergutbogen

(seit 2007) Der Bauernhof Eisnergut stand bis 1922 an der Ecke Winthir-/Lachnerstraße.

Elvirastraße

(vor 1891) Prinzessin Elvira Alexandra von Bayern (1868-1943) war die Tochter von Adalbert von Bayern, sie heiratete Rudolf von Wrbna-Kaunitz.

Emma-Ihrer-Straße

(seit 1989) Die Sozialistin und Feministin Emma Ihrer (1857-1911) gründete 1885 den Verein zur Wahrung der Interessen der Arbeiterinnen. Gemeinsam mit Clara Zetkin erreichte sie, dass Frauen in den Gewerkschaften als gleichberechtigt anerkannt wurden. Ihrer gab die Zeitschriften *Die Arbeiterin* und *Die Gleichheit* heraus und gründete mehrere feministisch-sozialistische Vereine.

Engasserbogen

(seit 2007) Der Engasser-Hof stand bis 1983 an der Nibelungenstraße 6.

Erhard-Auer-Straße

(seit 1947) Der sozialdemokratische Politiker Erhard Auer (1874-1945) war erster Innenminister des Freistaats Bayern unter Kurt Eisner, Münchner Stadtrat und bayerischer SPD-Vorsitzender. Die nach ihm benannten »Auer Garden« versuchten Anfang der 20er-Jahre der Polizei gegen rechte Gewalt beizustehen. Kurz vor seinem Tod war der NS-Gegner zuletzt im KZ Dachau inhaftiert.

Erika-Mann-Straße

(seit 2004) Die Schauspielerin, Schriftstellerin und Journalistin Erika Mann (1905-1969) kam als erstes Kind von Thomas Mann in München zur Welt. Sie gründete das politische Kabarett Die Pfeffermühle.

Ernst-Henle-Straße

(seit 1956) Ernst Henle (1878-1938) machte sich als städtischer Baudirektor um die Wasserversorgung Münchens verdient. Wie auch sein Bruder, der Chemiker Dr. Franz Henle, wurde Ernst ein Opfer des NS-Terrorregimes.

Die Google-Zentrale in der Erika-Mann-Straße

Die Straßennamen

Glaskastenbrunnen an der Erika-Mann-Straße

Esebeckstraße

(seit 1900) Johann Asmus von Esebeck (1711-1770), Stammherr des Adelsgeschlechts Esebeck, war pfalz-zweibrückischer Staats- und Kabinettsminister, ebenso wie sein Sohn Johann Friedrich (1741-1798), Sohn Georg (1753-1823) diente als kgl. bayer. Oberst der Garde zu Fuß.

Fafnerstraße

(seit 1931) Fáfnir (der Umarmer, der Greif) ist in der nordischen Mythologie der Bruder von Otr und Reginn, Sohn des Zwergenkönigs Hreidmar, der sich nach dem Vatermord in eine Höhle zurückzieht und dort langsam zum Drachen mutiert und schließlich von Sigurd getötet wird. In Richard Wagners *Ring der Nibelungen* taucht Fáfnir unter dem Namen Fafner auf, aus Sigurd wurde Siegfried.

Fasaneriestraße

(um 1890) Einst gab es eine herzogliche Fasanerie in der Ebenau.

Fasoltstraße

(seit 1931) Fasolt ist in Richard Wagners *Ring der Nibelungen* einer der beiden Riesen, sein Bruder ist Fafner (der in der nordischen Mythologie allerdings ein Zwerg ist). Fasolt wird am Ende von Fafner erschlagen.

Fellstraße

(seit 1928) Der Kesselschmied Johann Fell (1851-1910) war federführend bei der Gründung der Münchner Eisenbahner-Baugenossenschaft am 22. August 1908.

Ferdinand-Maria-Str.

(seit 1899) Kurfürst Ferdinand Maria (1636-1679) schenkte seiner Gattin Adelaide von Savoyen das Dorf Kemnaten, die dort das Schloss Nymphenburg bauen ließ.

Flüggenstraße

(seit 1891) Das Allgemeine Lexikon der bildenden Künstler von 1916 führt Gisbert Flüggen (1811-1859) als Genremaler, der mit Vorliebe »dramatische Rührstücke« auf die Leinwand brachte. Flüggen lebte und arbeitete ab 1833 in München.

Frauenwörtherstraße

Fraasstraße

(seit 1947) Der Agrarwissenschaftler Carl Nikolaus Fraas (1810-1875) lehrte ab 1847 an der LMU München, entwickelte eine neue Lehre über die Bodenfruchtbarkeit und schrieb mehrere Standardwerke über Land- und Forstwirtschaft.

Franz-Schrank-Straße

(seit 1914) Der Botaniker, Insektenforscher und Theologe Franz de Paula Schrank (1747-1835) war erst Professor für Mathematik und Physik in Amberg, dann Professor an der Universität in Ingolstadt. Von 1809 bis 1832 leitete er den Alten Botanischen Garten in München, dessen Gestaltung er maßgeblich mitbestimmte.

Frauenwörther Str.

(seit 1982) Das Kloster Frauenwörth ist eine Abtei der Benediktinerinnen. Es wurde 782 von Herzog Tassilo III. auf der Fraueninsel im Chiemsee gegründet.

Frickastraße

(seit 1900) Die nordische Göttin Fricka (Frigg), die Gattin von Hauptgott Odin, ist die Schutzherrin von Ehe und Mutterschaft. Sie wird zu Unrecht meist mit der Göttin Freya gleichgesetzt.

Frundsbergstraße

(seit 1893) »Viel Feind, viel Ehr!«, war sein Leitspruch, der zum geflügelten Wort wurde. Landsknechtführer Georg von Frundsberg (1473-1528) galt als genialer Taktiker, er führte die kaiserlichen Truppen zu bedeutenden Siegen gegen Venedig und Frankreich. »Drei Dinge«, so sein Resümee nach einem Leben voller Kriege, »sollten jedermann vom Krieg abschrecken: Die Verderbung und Unterdrückung der armen, unschuldigen Leute, das unordentliche und sträfliche Leben der Kriegsknechte und die Undankbarkeit der Fürsten.« Bis heute hört niemand auf ihn.

Fuetererstraße

(seit 1894) Ulrich Fueterer (vor 1450-1493/1502) stand als Maler und Dichter im Dienst der bayerischen Herzöge. Seine Hauptwerke sind das *Buch der Abenteuer* und die *Bairische Chronik*. Als Maler war er bei der Ausschmückung des Alten Rathauses beteiligt.

Funkerstraße

(seit 1938) In der Max-II-Kaserne war auch eine Funkertruppe untergebracht, daher der Name.

Fuststraße

(seit 1904) Johannes Fust (um 1400-1466) war eigentlich Anwalt, förderte aber lieber entscheidend den Buchdruck mit beweglichen Lettern und war wichtiger Finanzier und Geschäftspartner von Johannes Gutenberg.

Gabrielenstraße

(seit 1901) Marie Gabriele Herzogin in Bayern (1878-1912) wurde durch Heirat mit Rupprecht von Bayern zur letzten bayerischen Kronprinzessin.

Gaßnerstraße

(seit 1900) Ab 1645 besaß der kurfürstliche Rat Johann Gaßner die Schwaigen Ober- und Niederkemnaten. Von dessen noch minderjährigem Sohn und Erben Johann Georg Gaßner erwarb 1663 Kurfürst Ferdinand Maria den Besitz für 10 000 Gulden, um ihn seiner Gemahlin zu schenken.

Die öffentliche Toilette am Grünwaldpark (1910) mit Warteraum für die Tram und Trambahnfahrer

Gelfratstraße

(seit 1929) Da haben sie ein P vergessen: Gelpfrat ist im *Nibelungenlied* ein bayerischer Markgraf, der von Hagens Bruder Dankwart getötet wird.

Gerner Straße

(seit 1899) Wen wunderts: Nach der Gemeinde Gern benannt!

In Hausnr. 4 lebten zeitweise der Schriftsteller ***Otto Julius Bierbaum*** *und der Karikaturist* ***Bruno Paul****. An der Ecke zur Nördlichen Auffahrtsallee wohnte der Autor* ***Herbert Rosendorfer****.*

Gertrud-Bäumer-Str.

(seit 1989) Die Frauenrechtlerin Gertrud Bäumer (1873-1954) gründete 1919 mit Friedrich Naumann die Deutsche Demokratische Partei, für die sie bis 1932 als Abgeordnete im Reichstag saß. 1920 wurde die als erste Frau Deutschlands Ministerialrätin im Reichsinnenministerium. Während der NS Diktatur politisch entmachtet, widmete sie sich vor allem dem Schreiben. 1945 überraschte sie ihre Weggefährten, indem sie sich nicht den Liberalen anschloss, sondern zu den Gründungsmitgliedern der CSU gehörte.

Ginhardtstraße

(seit 1899) Ginhardt klingt nach einem weiteren *Nibelungen*-Held, ist er aber nicht … Wenig glaubwürdig soll dem Namensgeber schon zu Lebzeiten die Straße gewidmet worden sein: Überall liest man, Johann Ginhardt (1841-1927), Ingenieur und Bezirkstechniker, der sich um die Gemeinde Nymphenburg in welcher Form auch immer verdient gemacht hatte, sei der Namenspatron. Vermutlich ist er mit dem Bezirksbaumeister Kinghart identisch, der 1904/05 die Schule an der Feldmochinger Straße baute. Vielleicht ist die Straße aber auch nach dem Regierungsrat Johann Nepomuk Ginhardt (1817 erwähnt) benannt.

Gotelindestraße

(seit 1929) Im *Nibelungenlied* ist Gotelinde die Frau Rüdigers von Bechelaren (Pöchlarn/Niederösterreich) und die Mutter von Dietelind.

Eckhaus in der Hedwigstraße

Groffstraße

(seit 1904) Der flämische Bildhauer Guillielmus de Grof (1676-1742) schuf als führender Hofbildhauer unter den Kurfürsten Max Emanuel und Karl Albrecht zahlreiche Statuen für Nymphenburg und die Münchner Residenz.

Gudrunstraße

(seit 1900) Gudrun (Kudrun) ist die Titelheldin eines mittelhochdeutschen Sagenepos (ca. 1230 entstanden) voller Familienzwistigkeiten, Liebe und Verrat, Mord und Totschlag, aber mit Happy End.

Gümbelstraße

(seit 1899) Geologie-Professor Carl Wilhelm von Gümbel (1833-1898) verfasste eine über 3 000 Seiten umfassende geognostische Beschreibung des bayerischen Alpenraums und analysierte darin erstmalig rund zwanzig Gesteinsarten.

Guntherstraße

(seit 1899) Der Burgunderkönig Gunther (Gundahar) lebte tatsächlich im 5. Jh. Auf ihn geht die Figur des Gunther im *Nibelungenlied* und in der *Edda* zurück.

Gutenbergstraße

(seit 1904) Johannes Gensfleisch (um 1400-1468) benannte sich später nach dem elterlichen Hof zum Gutenberg in Mainz. Er erfand um 1450 den modernen Buchdruck mit beweglichen Lettern.

Habermannstraße

(seit 1930) Der Maler Hugo von Habermann (1849-1929) wurde vor allem für seine Porträts berühmt. Er war Mitbegründer und ab 1904 Präsident der Münchner Sezession sowie ab 1905 Professor an der Münchner Kunstakademie.

Die Münchner Dependence des Deutschen Wetterdienstes in der Helene-Weber-Allee

Hanebergstraße

(seit 1900) Der Benediktinermönch Daniel Bonifaz von Haneberg (1816-1876) wurde 1840 Professor an der LMU, wo er Altes Testament und orientalische Sprachen lehrte (er sprach fließend Arabisch, Hebräisch, Koptisch, Äthiopisch, Persisch, Sanskrit, Türkisch, Russisch, Mandarin und natürlich zudem die üblichen europäischen Sprachen). Ab 1872 war er Bischof von Speyer.

Hanfstaenglstraße

(seit 1930) Franz Hanfstaengl (1804-1877) gründete 1833 eine lithografische Anstalt, in der er Meisterwerke der Dresdner Gemäldegalerie reproduzierte. Ab 1852 tat er sich auch als Porträtfotograf hervor. Hanfstaengl erfand die Negativretusche, wofür er auf der Pariser Weltausstellung 1855 eine Goldmedaille gewann.

Hartliebstraße

(seit 1900) Johannes Hartlieb (um 1400-1468) wurde 1440 Leibarzt und gelehrter Rat am Hofe Herzog Albrechts III. Er verfasste mehrere Bücher, darunter das *Mondwahrsagebuch*, *De Amore*, ein Regelbuch über die höfische Liebe, ein Kräuterbuch, einen Roman über Alexander den Großen und das *Buch aller verbotenen Künste*.

Hawartstraße

(seit 1929) Hawart der Kühne ist ein dänischer König aus dem *Nibelungenlied* und der *Kudrunsage*.

Hedwig-Dransfeld-Allee

(seit 1989) Die Frauenrechtlerin Hedwig Dransfeld (1871-1925) übernahm 1912 den Vorsitz des Katholischen deutschen Frauenbunds, sie entwickelte das Konzept der Frauenfriedenskirche in Frankfurt. Ab 1920 saß sie im Reichstag für die Zentrumspartei und wirkte maßgeblich an der Sozialgesetzgebung mit.

Heideckstraße

Hedwigstraße

(seit 1900) Die hl. Hedwig von Andechs (um 1174-1243) wurde als Zwölfjährige mit Heinrich I. von Schlesien verheiratet. Das Paar stiftete mehrere Klöster und Spitäler. Weil Hedwig aus Solidarität mit den Armen auch im Winter nur barfuß ging, schimpfte ihr Beichtvater und forderte sie auf, Schuhe zu tragen. Hedwig fügte sich – und trug ihre Schuhe in der Hand mit sich. 1267 wurde sie heiliggesprochen und ist die Schutzpatronin von Schlesien, Görlitz und Andechs.

Heideckstraße

(seit 1900) Carl Wilhelm von Heideck (1787-1861) reüssierte sowohl als Militär als auch als Künstler. Er kämpfte u. a. in Spanien bei den Befreiungskriegen und in Griechenland im Freiheitskampf gegen die Türken. Zuletzt bekleidete er den Rang eines Generalleutnants. Als Maler machte er sich mit Schlachten- und Genrebildern einen Namen.

Heldstraße

(seit 1955) Hans Ludwig Held (1885-1954) gründete 1911 gemeinsam mit Thomas Mann und Frank Wedekind den Schutzverband deutscher Schriftsteller. 1921 gründete er die Monacensia-Bibliothek, 1925 wurde er Stadtbibliotheksdirektor. 1933 entlassen, übernahm er die Leitung wieder 1945.

Helene-Lange-Weg

(seit 1989) Die Pädagogin und Frauenrechtlerin Helene Lange (1848-1930) gründete den Allgemeinen Deutschen Lehrerinnenverein, war im Vorstand des Allgemeinen Deutschen Frauenvereins und des Bundes Deutscher Frauenvereine. Ihre Hauptanliegen waren gleiche Bildungs- und Berufschancen für Frauen sowie die Einführung des Frauenwahlrechts.

Helene-Weber-Allee

(seit 1989) »Der reine Männerstaat ist das Verderben der Völker«, sagte die Politikerin Helene Weber (1881-1962). Sie gehörte vor der Nazizeit der Zentrumspartei an, nach 1945 baute sie die CDU mit auf und war eine der vier »Mütter des Grundgesetzes«. Weber erkämpfte den Satz »Männer und Frauen sind gleichberechtigt«.

Helmholtzstraße

(seit 1960) Der Ingenieur Richard von Helmholtz (1852-1934) bestimmte mit seinen Entwicklungen und Erfindungen über Jahrzehnte die Geschicke der Lokomotivenfabrik Krauss. So konstruierte er das Krauss-Helmholtz-Lenkgestell zur Verbesserung der Kurvenlaufeigenschaften.

Henrik-Ibsen-Straße

(seit 1907) Der norwegische Dramatiker Henrik Ibsen (1828-1906) wohnte elf Jahre in München und fand: »Es gibt zwei Städte, in denen man leben kann: Rom und München.« In München entstanden bekannte Stücke wie *Nora oder ein Puppenheim* und *Hedda Gabler*.

Herderstraße

(seit 1900) Johann Gottfried von Herder (1744-1803), Dichter, Philosoph und Theologe, zählte zu den einflussreichsten Denkern der Aufklärung, der den Grundstein zum Historismus legte und z. B. den Nationenbegriff erfand, der im 19. Jh. und vor allem unter dem NS-Terror völlig pervertiert und missbraucht wurde (denn: »Kein Volk ist ein von Gott einzig auserwähltes Volk der Erde«, schrieb Herder.).

Herthastraße

(seit 1910) Da hat wohl jemand seine Brille nicht aufgehabt: Hertha kam Ende des 19. Jh. als Modename auf, weil wer auch immer »Herthus« statt

Neubaugebiet im Hirschgarten (Seidlhofstraße)

Die Straßennamen

Horemansstraße

»Nerthus« gelesen hatte. Aus Nerthus wurde Hertha. Nerthus ist eine geschlechtslose germanische Gottheit, die Tacitus als »Terra Mater« (Mutter Erde) beschreibt.

Hilblestraße

(seit 1956) Friedrich Hilble (1881-1937) war berufsmäßiger Stadtrat und Leiter des Münchner Wohlfahrtsamts. Weil er den Bau des Altersheims St. Joseph initiierte, widmete man ihm eine Straße. Dabei wurde ausgeblendet, dass Hilble ein eifriger Befürworter und Förderer der NS-Linie gegen »arbeitsscheue« Fürsorgeempfänger war. So schlug sein Amt vor, »Drückeberger« und »Faulenzer« ins KZ Dachau zu befördern. Nicht nur die Geschichtswerkstatt Neuhausen wundert sich daher über den Straßennamen. Seit 2010 läuft an der LMU eine Studie zur Rolle der Stadtverwaltung in der NS-Zeit. Ob die Hilblestraße umbenannt wird, soll erst nach Veröffentlichung der Studie (vermutlich 2025) entschieden werden.

Hippmannstraße

(seit 1900) Der Ofenfabrikant Ludwig Hippmann (gest. 1901) eröffnete 1893 den Curgarten Nymphenburg mit Kurbadeanstalt und Restauration.

Hirschbergstraße

(seit 1897) Baumeister Reinhold Hirschberg (1821-1876) war einer der Gründer und erster Kommandant der Freiwilligen Feuerwehr München. Für seine Verdienste um die freiwilligen Sanitätsdienste und deren verbesserte technische Ausstattung wurde er mehrfach ausgezeichnet.

Hirschgarten/-allee

(um 1780/seit 1900) Kurfürst Karl Theodor ließ 131 Tagwerk der ehemaligen Neuhauser Waldweide einzäunen, um hier Wild für seine Jagden zu züchten.

Hofenfelsstraße

(seit 1900) Der Herzoglich-Zweibrückische Minister Johann Christian von Hofenfels (1744-1787) sorgte 1778 als geschickter Diplomat dafür, dass Österreich sich nicht Teile Bayerns einverleiben konnte.

Hohenlohestraße

(seit 1900) Das fränkische Adelsgeschlecht der Hohenlohe wurde in den 50er-Jahren des 12. Jh. erstmals erwähnt. Namensgebend war die (nicht mehr existente) Stammburg Hohlach bei Uffenheim in Franken.

Holmbergsraße

(seit 1935) Der Maler August Johann Holmberg (1851-1911) machte sich einen Namen mit Genre- und Historienszenen. Ab 1900 leitete er die Neue Pinakothek.

Homerstraße

(seit 1925) Gab es den großen Dichter Homer wirklich? Die Frage wird heute noch diskutiert. Sollte es ihn gegeben haben, hat er wohl irgendwann im Zeitraum von 850 bis 750 v. u. Z. vermutlich in Kleinasien gelebt. Homer gilt als Schöpfer der frühesten Epen der Weltliteratur, der *Ilias* und der *Odyssee*. Die Homerstraße verläuft zum Teil in Moosach.

Horemansstraße

(seit 1906) Der flämische Maler Peter Jacob Horemans (1700-1776) kam als Geselle 1725 nach München, wo er sich niederließ und für Kurfürst Karl Albrecht arbeitete. 1769 ernannte man ihn zum Hofmaler.

Hubertusstraße

(seit 1897) Der hl. Hubertus (um 655-727) war Bischof von Maastricht und Lüttich und hat den Hirsch mit einem Kruzifix im Geweih als Attribut, weil er von besagtem Tier bei der Jagd bekehrt worden sei. 1444 stiftete Gerhard II. von Jülich-Berg den Hubertusorden, der bis heute als Hausorden der Wittelsbacher verliehen wird.

Juta-/Ecke Alfonsstraße

Hübnerstraße

(seit 1893) Der Theologe und Publizist Lorenz Hübner (1751-1817) leitete ab 1779 die Redaktion der *Münchner Staatszeitung* und der *Münchner Gelehrten Beyträge*. Weil er Kurfürst Karl Theodors Zensurbehörden zu aufklärerisch war, musste Hübner zeitweise ins Salzburger Exil, bevor er nach Karl Theodors Tod nach München zurückkehrte.

Hundingstraße

(seit 1914) Hunding ist in Richard Wagners Oper *Die Walküre* der Gegenspieler Sigmunds. Die Figur beruht auf der Sagengestalt Hunding, dem König von Hundland, aus der *Edda*. Sigmunds Sohn Helgi erschlug Hunding und nannte sich seitdem Hundingsbana (Hundingstöter).

Ignaz-Perner-Straße

(seit 1926) Der Rechtsanwalt Johann Ignaz Perner (1796-1867) gründete 1842 in München einen der ersten Tierschutzvereine der Welt.

In den Kirschen

(seit 1927) Dahinter steht tatsächlich ein alter Flurname. Hier gab es einst einen Garten mit Kirschbäumen.

Irnfriedstraße

(seit 1932) Landgraf Irnfried von Thüringen kämpft im *Nibelungenlied* gegen die Burgunder und wird von Volker getötet.

Isensteinstraße

(seit 1929) Die Burg Isenstein am Rhein ist im *Nibelungenlied* der Sitz der mächtigen Königin Brunhilde.

Jagdstraße

(um 1890) Hier lagen einst Jagdgründe der bayerischen Herrscher.

Johann-Pez-Straße

(seit 1938) Der Komponist Johann Christoph Pez (1664-1716) wurde 1687 Chorregent im Alten Peter, ein Jahr später Hofmusiker bei Kurfürst

Johann-Pez-Straße (im Hintergrund die Theresienkirche)

Max Emanuel. Später wurde er kurfürstlicher Kapellmeister in Bonn, danach Oberkapellmeister in Stuttgart. Die Straße hieß bis 1938 Meyerbeerstraße.

Johann-Schmaus-Str.

(seit 1986) Sozialdemokrat und Vorstandsmitglied des Landarbeiterverbands Johann Schmaus (1879-1933) wurde in der Köpenicker Blutwoche von SA-Mitgliedern bestialisch ermordet. Sein Sohn Anton erlag ein halbes Jahr später den grausamen Misshandlungen der Nazis.

Johann-Sebastian-Bach-Straße

(seit 1921) Das größte Genie der Barockmusik ist zweifelsohne Johann Sebastian Bach (1685-1750). Zu Lebzeiten wenig bekannt, wurde sein gewaltiges Œuvre im 19. Jh. wiederentdeckt. Nicht wenige Musiker sehen in Bach den bedeutendsten Komponisten der Musikgeschichte.

Johann-von-Werth-Str.

(seit 1906) Der aus einfachsten Verhältnissen stammende Bauernsohn Johann von Werth (1591-1652) arbeitete sich im Dreißigjährigen Krieg vom Söldner zum General hoch. Werth wurde einer der bekanntesten deutschen Reitergeneräle. Er besiegte 1648 mit kaiserlichen Truppen bei der Schlacht bei Dachau den schwedischen General Wrangel und erzwang so den Rückzug von Schweden und Franzosen.

Jutastraße

(seit 1900) Juta ist eine Form des Frauennamens Jutta, einer Abwandlung des hebräischen Namens Judith.

Kapschstraße

(seit 1956) Der österreichische Bauingenieur Georg Kapsch (1873-1934) war ab 1928 Professor für Baukonstruktion und Eisenbau an der TU.

Karl-Schurz-Straße

(seit 1928) Karl (auch Carl) Schurz (1829-1906) fiel als radikaldemokratischer Revolutionär während der Märzrevolution in Deutschland unangenehm auf und wanderte 1852 in die USA aus. Er schloss sich 1860 der Republikanischen Partei unter Abraham Lincoln an, kämpfte im Bürgerkrieg als Generalmajor für die Nordstaaten und wurde unter Präsident Hayes Innenminister. Schurz engagierte sich zeitlebens für die Deutschamerikaner.

Kelheimer Straße

(seit 1903) Kelheim ist eine Kreisstadt an der Donau, bekannt für den Donaudurchbruch und die Befreiungshalle. Ludwig I. ließ auf dem Michelsberg die Befreiungshalle zum Andenken an die Siege gegen Napoleon während der Befreiungskriege errichten.

Die Straßennamen

Kuglmüllerstraße 80 (1910)

Kuglmüllerstraße 29-31 (1967)

Kemnatenstraße

(seit 1958) Nymphenburg hieß einst Kemnaten.

Kindermannstraße

(seit 1912) Der Opernsänger August Kindermann (1817-1891) kam 1846 eigentlich nur für ein Gastspiel nach München – und blieb dann bis an sein Lebensende im Ensemble des Hoftheaters.

Klarastraße

(um 1890) Prinzessin Klara Eugenie von Bayern (1874-1941) wurde Äbtissin des Damenstifts St. Anna in Würzburg.

Klugstraße

(vor 1891) Noch ein etwas anrüchiger Namenspatron: Ludwig Peter von Klug (1838-1913) war ab 1885 Leiter des kgl. Hofsekretariats, später Hofrat und Vorstand der Hofkasse. Klug war aber auch Anfang der 1890er-Jahre in einen handfesten Skandal um Grundstücksspekulationen und Amtsmissbrauch verwickelt. Trotzdem lehnte die Stadt München im Jahr 2003 seltsamerweise einen Antrag der Geschichtswerkstatt Neuhausen auf Umwidmung des Namens auf den Physiker Joseph Klug ab.

In Hausnr. 58 lebte der Künstler ***Th. Th. Heine.***

Königbauerstraße

(seit 1945) Heinrich Königbauer (1876-1929) war erst für die Zentrumspartei in der Abgeordnetenkammer,

In der Kuglmüllerstraße 2019

dann ab 1919 für die Bayerische Volkspartei. Ein Jahr später wurde er Landtagspräsident.

Kratzerstraße

(seit 1902) Franz Paul Kratzer (1825-1900) war der letzte Bürgermeister der Gemeinde Nymphenburg vor deren Eingemeindung nach München.

Kriemhildenstraße

(seit 1900) Die Burgunderprinzessin Kriemhild ist eine der zentralen Frauenfiguren im *Nibelungenlied.* Sie heiratet erst Siegfried und nach dessen Ermordung den Hunnen Etzel, um später als mächtige Hunnenkönigin Rache für Siegdfried Tod zu nehmen.

Krumpenhofweg

(seit 2007) Der Krumpenhof war Neuhausens zweitgrößter Bauernhof. Er stand an der Winthirstraße 20 (heute ist hier das Heim für blinde Frauen).

Kuglmüllerstraße

(seit 1901) Offiziell war Namensgeber Johann Nepomuk Kuglmüller (1777 geboren in Nymphenburg) ein verdienter Bürger der ehemaligen Gemeinde Nymphenburg. Womit Johann Nepomuk sich verdient machte, ließ sich leider nicht herausfinden. Demnach wäre Paul Kuglmüller, um 1800 als Chirurg tätig, auch ein guter Namenspatron.

In Hausnr. 20 lebte die Schriftstellerin ***Lena Christ.***

Lachmannstraße

(seit 1929) Karl Lachmann (1793-1851), Professor an der Berliner Universität, gilt neben Benecke als der Begründer der historisch-kritischen Editionspraxis, eine Methodik, die vorbildhaft für die moderne Textkritik wurde. Lachmann beschäftigte sich vor allem mit altdeutscher Literatur.

Lachnerstraße

(seit 1891) Der Musiker und Komponist Franz Paul Lachner (1803-1890) war Hofkapellmeister und ab 1852 Generalmusikdirektor, er schrieb über 200 Werke, darunter Opern, Sinfonien, Orchestersuiten, Kammermusik, Orgelwerke etc.

Laimer Platz/Straße

(seit 1901) Die Gemeinde Laim, heute der 25. Münchner Stadtbezirk, wurde Mitte des 11. Jh. erstmals erwähnt. Der Name bedeutet Lehm, doch die Lehmvorkommen waren hier zu gering, daher gab es keine Ziegelproduktion wie in Berg am Laim.

Landshuter Allee

(seit 1946) Die niederbayerische Stadt Landshut hat ca. 72 000 Einwohner. Eine befestigte Burg (heute heißt sie Trausnitz) wurde hier bereits um 1150 als Landeshuata (Landeshüter, -beschützer) erwähnt, den Namen übernahm man dann für die 1204 von Ludwig dem Kelheimer neu gegründete Stadt. Die viel befahrene Straße geht durch Neuhausen, Moosach und Milbertshofen. Sie hieß zuvor Fabrikstraße, ab 1902 Landshuter Alle, von 1917 bis 1946 Hindenburgstraße und seitdem wieder Landshuter Allee.

Lannerstraße

(seit 1948) Alles Walzer! Der österreichische Komponist und Kapellmeister Joseph Lanner (1801-1843) trug neben Johann Strauss (Vater) entscheidend dazu bei, dass der Wiener Walzer die Tanzböden eroberte.

Lazarettstraße

(seit 1891) Hier lag einst das kgl. bayer. Garnisonslazarett, das zentrale Krankenhaus der Bayerischen Armee.

Lechstraße

(seit 1921) Der Lech ist ein ca. 256 km langer Nebenfluss der Donau, der in den Lechtaler Alpen (Vorarlberg) entspringt. Merke: Iller, Lech, Isar und Inn fließen rechts zur Donau hin.

Die Ecke Landshuter Allee/Nymphenburger Straße (1905)

Lenzfrieder Straße

(seit 1818) Der ein selbstständige Ort Lenzfried ist heute ein Teil der Stadt Kempten im Allgäu. Hier wurde Daniel Bonifaz von Haneberg, ab 1854 Abt der Benediktinerabtei St. Bonifaz in München und ab 1872 Bischof von Speyer, geboren.

Leonrodplatz/-straße

(seit 1927/2000) Benannt nach: 1) Leopold von Leonrod (1829-1905), der von 1887 bis 1902 bayerischer Justizminister war. 2) Franz Leopold von Leonrod (1827-1905), Bruder von 1) und ab 1867 Bischof von Eichstätt. 3) Karl August Heinrich von Leonrod (1814-1905), Bruder von 1) und 2) und bayerischer Generalleutnant. 4) Ludwig von Leonrod (1906-1944), Enkel von 3), Offizier und Widerstandskämpfer gegen den NS-Terror. Er wurde nach dem 20. Juli 1944 in Berlin hingerichtet.

Lierstraße

(seit 1900) Der Maler Adolf Heinrich Lier (1826-1882) schuf vor allem stimmungsvolle Landschaftsbilder. Er führte die »Paysage intime« (»vertraute Landschaft«, also Naturbilder ohne religiöse oder historische Anspielungen) in Deutschland ein.

Die Ecke Loth-/Nymphenburger Straße (1907)

Die Straßennamen

Wohnblock an der Menradstraße

Lilli-Palmer-Straße

(seit 2004) Die Schauspielerin Lilli Palmer (eigentl. Lilli Maria Reiser, 1914-1986) emigrierte 1933 nach Paris. Den Durchbruch beim Film schaffte sie in England. Nach erfolgreichen Jahren mit etlichen Hauptrollen in Hollywood und am Broadway kehrte Palmer 1954 nach Deutschland zurück und wurde die große Diva des deutschen Nachkriegsfilms. Seit 2004 verleiht die Fernsehzeitschrift Hörzu die »Lilli Palmer & Curd Jürgens Gedächtniskamera« für Nachwuchsschauspieler.

Lily-Braun-Weg

(seit 1989) Die Schriftstellerin, Frauenrechtlerin und Sozialdemokratin Lily Braun (1865-1916) versuchte das damals (und bis heute) revolutionäre Modell Mutterschaft und Erwerbstätigkeit zu verbinden und lebte es selbst. Sie gründete den Bund für Mutterschutz, um die Stellung von Müttern in rechtlicher, wirtschaftlicher und sozialer Hinsicht zu verbessern.

Lorschstraße

(seit 1929) Das Benediktinerkloster Lorsch in der gleichnamigen südhessischen Stadt würde 764 gegründet. Im Mittelalter war es eines der wichtigsten Geistes- und Machtzentren Europas. Laut dem *Nibelungenlied* stiftete Ute, Gattin des Burgunderkönigs Dankrat und Mutter der Burgunden, das Kloster und ist auch hier begraben.

Lothstraße

(seit 1887) Der Maler Ulrich Loth (ca. 1599-1662) schuf zahlreiche, vor allem sakrale Werke, so z. B. die *Anbetung der Könige* in der Frauenkirche oder *Das letzte Abendmahl* in St. Peter.

Ludwig-Ferdinand-Platz

(seit 1904) Ludwig Ferdinand Maria Karl Heinrich Adalbert Franz Philipp Andreas Konstantin Prinz von Bayern und Infant von Spanien (1859-1949), studierter Chirurg und Gynäkologe, war General der Kavallerie und Stationschef der Chirurgischen Abteilung des Münchner Garnisonslazaretts. Er war der einzige Verwandte, der bereit war, seinem Vetter König Ludwig II. nach dessen Gefangennahme zu helfen.

Luise-Ullrich-Straße

(seit 2004) Die österreichische Schauspielerin Luise Ullrich (1911-1985) trat in der Volksbühne und im Burgtheater in Wien auf, bevor sie 1931 nach Berlin übersiedelte und ihr eine Karriere als gefragte Filmschauspielerin gelang. Nach dem Krieg lebte sie mit ihrer Familie in München. Sie spielte u. a. in Rainer Werner Fassbinders *Acht Stunden sind kein Tag*.

Magdalenenstraße

(seit 1902) Die hl. Maria Magdalena (oder auch Maria von Magdala) gehörte laut Bibel zu den Frauen, die Jesus nachfolgten und wird in zahllosen außerbiblischen Zeugnissen als »Gefährtin« Jesu bezeichnet. Zur Sünderin mutierte sie erst durch mittelalterliche Interpretationen, danach gar zur Prostituierten (eine womöglich mutwillige Vermischung mit der hl. Maria von Ägypten, die ein bekehrte Prostituierte war).

Maillingerstraße

(seit 1886) Joseph Maximilian Fridolin Ritter von Maillinger (1820-1901) diente in der Bayerischen Armee, zuletzt als General. Von 1875-1885 war er bayerischer Kriegsminister, 1888 folgte die Ernennung zum Reichsrat.

In Hausnr. 16 lebte der Komponist ***Carl Orff.***

Mallersdorfer Straße

(seit 1982) Der Markt Mallersdorf-Pfaffenberg ist berühmt für das Kloster Mallersdorf, das im Jahr 1129 als Benediktinerkloster erstmals erwähnt wurde. Das Kloster ist seit 1869 das Mutterhaus der Armen Franziskanerinnen von der hl. Familie, die deshalb Mallersdorfer Schwestern genannt werden.

Malsenstraße

(um 1900) Konrad Ludwig Freiherr von Malsen (1828-1895) diente Ludwig II. als Obersthofmarschall, Zeremonienmeister und Oberstkämmerer.

In Hausnr. 55 lebte der Maler ***Ernst Liebermann.***

Maréesstraße

(seit 1921) Der schwedische Künstler George de Marées (heute meist Desmarées geschrieben; 1697-1776) gilt als einer der bedeutendsten Porträtmaler des Rokoko, allein von der bayerischen Fürstenfamilie fertigte er über 50 Porträts. Er lebte mit Unterbrechungen viele Jahre in München. 1730 ernannte ihn Karl Albrecht zum kurfürstlichen Hofmaler.

Margarethe-Danzi-Str.

(seit 2006) Maria Margarethe Danzi (1768-1800), Schülerin von Leopold Mozart, war eine der wenigen Komponistinnen ihrer Zeit. Weit mehr Erfolg als mit ihren Kompositionen hatte sie allerdings als Sopranistin. Ab 1796 war sie Primadonna am Münchner Hoftheater.

Margit-Schramm-Str.

(seit 2006) Margit Schramm (1935-1996), in den 50er-Jahren zeitweise Ensemblemitglied des Gärtnerplatztheaters, galt als die Operettenkönigin. Die Sopranistin trat häufig in Fernsehshows auf (auch als Gastgeberin) und spielte in vielen heiteren Nachkriegsfilmen mit.

Maria-Ward-Straße

(seit 1927) Maria (Mary) Ward (1585-1645) gründete die Congregatio Jesu, gemeinhin bekannt als Englische Fräulein, für die sie die Ordensregeln der Jesuiten übernahm. Maria Ward setzte sich für bessere Bildungschancen für Mädchen ein. Sie gründete 1627 auch in München ein Institut. 1631 löste der Papst die Vereinigung auf und Ward wurde zeitweise als Ketzerin inhaftiert. Erst 1703 wurde die Kongregation durch den Papst anerkannt.

Marlene-Dietrich-Str.

(seit 2004) Die Berliner Schauspielerin Marlene (Maria Magdalene) Dietrich (1901-1992) schaffte 1930 als fesche Lola in *Der blaue Engel* den Durchbruch und stieg zum internationalen Superstar und zur zeitlosen Kino-Ikone auf. 1939 nahm sie die amerikanische Staatsbürgerschaft an und unterstützte aktiv europäische Künstler, die vor den Nazis flohen. Nach dem Krieg gelang ihr eine zweite Karriere als Diseuse.

In der Merianstraße

Marsstraße

(seit 1826) Die Marsstraße führte zum Marsfeld, einem Exerzierplatz des Militärs, benannt nach dem römischen Kriegsgott Mars.

Prominente Bewohner: ***Albert Schmidt*** *(Architekt) lebte Hausnr. 14 und* ***Gabriel von Seidl*** *(Architekt) in der 28.*

Maximilian-Wetzger-Straße

(seit 1907) Ihrem verstorbenen Gatten zu Ehren, dem Maximlian Wetzger selig, ließ Witwe Wetzger 1905 eine Stiftung mit 85 000 Goldmark zu wohltätigen Zwecken einrichten. Die Stadt dankte mit einem Straßennamen.

Mayrfelsstraße

(seit 1904) Karl Mayr von Mayrfels (1825-1883) war Heraldiker, Kunsthistoriker und Sammler – sowohl von mittelalterlichen Waffen und Rüstungen als auch von möglichst fantasievollen Namenszusätzen. Dank reicher Erbschaft konnte er sich diverse Adelssitze kaufen, nach denen er sich zusätzlich benannte.

Mechthildenstraße

(seit 1900) Mechthilde (auch Mathilde, um 1251-1304), Tochter des römisch-deutschen Königs Rudolf I. von Habsburg, war die dritte Ehefrau des bayerischen Herzogs Ludwig II. dem Strengen.

Menradstraße

(seit 1971) Der Wohltäter Johann Menrad (1859-1922) richtete Stiftungen für hilfsbedürftige Dienstboten und Behinderte ein.

Menzinger Straße

(seit 1947) Das Dorf Menzing wurde bereits 817 als Menzinga (Siedlung eines Mannes namens Menzo) erstmals erwähnt. Bereits 1315 liest man von zwei Menzings, das heutige Ober- und Untermenzing, beide seit 1938 Stadtteile von München.

Merianstraße

(seit 1906) Matthäus Merian d. Ä. (1593-1659) ist der wohl bekannteste Vertreter der Basler Familie Merian. Der Kupferstecher übernahm 1623 den Verlag seines

Die Straßennamen

Die Nibelungen als Lüftlmalerei an der Nibelungenstraße

Schwiegervaters Johann de Bry in Frankfurt. Merian schuf zahlreiche Landkarten, Stadtpläne und Städteansichten. Sein Hauptwerk ist die *Topographia Germaniae*. Heute beinahe noch bekannter ist Merians Tochter, die Naturforscherin Maria Sibylla mit ihren herausragenden Pflanzen- und Tierillustrationen.

Merzbacherstraße

(seit 1928) Gottfried Merzbacher (1843-1926) war eigentlich Pelzhändler, 1888 verkaufte er sein Geschäft, um sich ganz der Leidenschaft Alpinismus widmen zu können. Nach einigen Erfolgen im Alpenraum zog es ihn auch in den Kaukasus und nach Zentralasien, wo er im Tienschan-Gebirge einen Aufstieg auf den 7010 m hohen Khan Tengri suchte. Merzbacher gelangen die ersten Fotos vom Khan Tengri. Ein Eisstausee am Berg heißt Merzbacher-See.

Mettenstraße

(seit 1982) Der Markt Metten liegt nahe Deggendorf. Er ist bekannt für die Benediktinerabtei, die um 766 gegründet wurde und zu den bayerischen Urklöstern zählt. Die prachtvolle Barockanlage wird überragt von der St. Michael Abteikirche.

Mettinghstraße

(seit 1910) Moritz von Mettingh (1827-1907), war königlicher Kammerjunker und Kammerherr, vor allem aber Privatier. Als solcher richtete er heimlich, da er keinerlei Aufsehen wünschte, mehrere landesweite Stiftungen für Bedürftige ein.

Michelfeldweg

(seit 1982) Bischof Otto I. von Bamberg gründete 1119 das Kloster Michelfeld in der Oberpfalz. Das heutige Klostergebäude stammt aus der Zeit von 1680 bis 1700. Die Ausstattung der Kirche lag in den Händen der Brüder Cosmas Damian und Egid Quirin Asam.

Minerviusstraße

(seit 1928) Der Schriftsteller Simon Felix Schaidenreisser (um 1497-1572) nannte sich Minervius. Er kam 1525 nach München, wurde Stadtpoet, Rektor der Lateinschule und Stadtschreiber. Minervius machte sich auch einen Namen mit der ersten deutschen *Odyssee*-Übersetzung.

Montenstraße

(seit 1891) Dietrich Monten (1799-1843) studierte Malerei an der Münchner Kunstakademie und tat sich vor allem als Historien- und Schlachtenmaler hervor.

Nachtigalstraße

(seit 1925) Gustav Nachtigal (1834-1885), Mediziner und Afrikaforscher, erkundete weite Gebiete des nördlichen Afrika, lernte regionale Sprachen und gehörte zu den wenigen Europäern, die ihre Forschungsergebnisse nicht negativ gegen die Einheimischen auslegten. 1884 reiste er im Auftrag Bismarcks nach Westafrika, um als kaiserlicher Reichskommissar Togo und Kamerun unter »deutschen Schutz« zu stellen.

Nederlinger Platz/Str.

(seit 1899/1976) Der Weiler Nederling zwischen Moosach und Gern wurde 1317 erstmalig erwähnt.

Neustätterstraße

(seit 1907 und 1947) Das jüdische Ehepaar Rosa (1847-1892) und Siegmund Neustätter (1842-1900) stiftete 100 000 Mark zugunsten armer weiblicher Patientinnen und Rekonvaleszenten. Die Nazis benannten die Straße 1937 in Herrenreiterstraße um, seit 1947 ist sie wieder zurückbenannt.

In Hausnr. 6 lebte der Schriftsteller Alfred Andersch.

Nibelungenstraße

(seit 1898) Wer genau die Nibelungen sind, scheint nicht so eindeutig zu sein. Der Name leitet sich wohl vom legendären Schatz, dem Nibelungenhort, ab. Das Volk, das im Besitz des Schatzes war, waren die Nibelungen. Zunächst Siegfrieds Mannen, dann König Gunthers Mannen, die Burgunder. Von Zwergen ist hier nirgends die Rede. Erst in Richard Wagners *Ring des Nibelungen* sind die Nibelungen ein Zwergenvolk.

Niedernburger Weg

(seit 1982) Die ehemalige Benediktinerinnenabtei Kloster Niedernburg im Zentrum von Passau beherbergt heute die Englischen Fräulein. Das Kloster wurde 739 durch die Agilolfinger gegründet.

Nimrodstraße

(seit 1933) Nimrod ist laut Altem Testament der »Erste, der Macht gewann auf Erden« (= der erste König) und ein »gewaltiger Jäger vor dem Herrn«. In der jüdischen Tradition gründete Nimrod das assyrische und babylonische Reich und ließ den Turm von Babel anlegen. Eine tatsächliche historische Person lässt sich Nimrod nicht zuweisen.

Nodungstraße

(seit 1929) Als im *Nibelungenlied* ein gewisser Nodung (Nudung, Notung)

Nach dem Ende des Volksgartens diente das Hauptgebäude der Münchner Gobelinmanufaktur (Foto von 1920)

von Wittich erschlagen wird, weint Gotelinde bittere Tränen. Wer Nodung war? Einige meinen: Eindeutig Gotelindes Sohn! Andere: Schmarrn, ihr Bruder. Eher nicht – wie häufig in Erklärungen zu Münchens Straßennamen zu lesen – ihr Vater, da Nodung als junger Herzog beschrieben wird. Gotelinde übrigens ist die Frau Rüdigers von Bechelaren, Mutter von Dietlind.

Nördliche Auffahrtsallee

(vor 1730) Die Auffahrt am nördlichen Ufer des Kanals nach Schloss Nymphenburg.

Nördliches Schlossrondell

(vor 1730) Die sogenannten Kavaliershäuser rahmen den Vorplatz von Schloss Nymphenburg halbkreisförmig ein. Der nach Nordosten liegende Teil heißt daher Nördliches Schlossrondell.

Nornenstraße

(seit 1914) Die Nornen, drei altnordischen Schicksalfrauen, spinnen die Schicksale der Menschen und lenken die Geschicke der Götter zu Füßen des Weltenbaums. Die Nornen sind Urd (die personifizierte Vergangenheit), Verdandi (die Gegenwart) und Skuld (die Zukunft).

Notburgastraße

(seit 1900) Die hl. Notburga von Rattenberg (um 1265-1313) wird als Patronin der Dienstmägde und der Landwirtschaft verehrt. Sie war eine Dienstmagd auf Schloss Rottenburg und versorgte die Armen mit Speiseresten, was nicht allen ihrer wechselnden Dienstherren gefiel.

Nürnberger Platz/Str.

(seit 1910) Die fränkische Metropole Nürnberg, Bayerns zweitgrößte Stadt, war einst stolze freie Reichsstadt und schon ein bedeutender Handelsplatz, als München noch nicht existierte. 1806 übergab Napoleons Armee die Stadt an Bayern. Während der NS-Zeit missbrauchten die Faschisten Nürnberg als »Stadt der Reichsparteitage« und proklamierten hier die judenfeindlichen »Nürnberger Gesetze«. Nach dem Krieg fanden hier die Nürnberger Prozesse gegen Kriegsverbrecher statt.

Nymphenburger Str.

(nach 1664) Ursprünglich war das der Fürstenweg, der bei der Residenz begann und zum Schloss Nymphenburg führte. Nymphenburg, eine der größten Barockanlagen der Welt, ließ Kurfürst Ferdinand Maria von Bayern ab 1664 als Geschenk für seine Gattin Henriette Adelheid von Savoyen errichten, weil die ihm endlich den ersehnten Thronerben geboren hatte. Das Teilstück bis zum Stiglmaierplatz benannte man 1812 in Königstraße und 1826 dann in Brienner Straße um. *Im Hausnr. 219 lebte die Schriftstellerin* ***Lena Christ.***

Ofterdingenstraße

(seit 1929) Heinrich von Ofterdingen ist ein sagenhafter, historisch nicht belegter Minnesänger des 13. Jh., der im mittelhochdeutschen Lied

Nymphenburger Straße an der Ecke Maillingerstraße

Die Straßennamen

Die kriegszerstörte Nymphenburger Straße 160 (1944)

Sängerkrieg auf der Wartburg erwähnt wird. Hier unterliegt er seinen fünf Konkurrenten. Novalis widmete Ofterdingen einen Roman, der erst nicht fertiggestellt nach Novalis Tod veröffentlicht wurde.

Olgastraße

(seit 1900) Olga von Kiew (ca. 920-969) regierte von 945 bis 960 den Kiewer Rus für ihren minderjährigen Sohn Swjatoslaw I. Sie ließ sich 955 in Konstantinopel taufen und wurde so die erste christliche Herrscherin des Rus. Olga wird in der russisch-orthodoxen Kirche als Heilige verehrt.
In Hausnr. 50 wurde 1914 der Schriftsteller ***Alfred Andersch*** *geboren.*

Orffstraße

(seit 1900) Carl Maximilian von Orff (1828-1905), Großvater des berühmten Komponisten Carl Orff, war Generalmajor, Geodät, Topograf und Kartograf. Auf seine Initiative hin wurde der topografische Atlas von Bayern sowie die Karte von Südwestdeutschland neu bearbeitet und herausgegeben. Orff gehörte ab 1894 der bayerischen Kommission für europäische und internationale Erdmessung an.

Ortweinstraße

(seit 1929) Ortw(e)in von Metz ist im *Nibelungenlied* Truchseß des Gunther zu Worms und der Neffe des Hagen von Tronje. Im *Gudrunlied* ist er der Bruder der Titelheldin.

Osterhofener Weg

(seit 1982) Das um 1004 geweihte Kloster Osterhofen in Niederbayern war einst eine Abtei der Prämonstratenser, seit 1858 ist es ein Stift der Englischen Fräulein. Die Ortschaft Osterhofen (heute ca. 12 000 Einwohner) entstand neben und um das Kloster herum.

Paduanostraße

(seit 1906) Der italienische Renaissancemaler Alessandro Paduano (eigentl. A. Scalzi, gest. 1596) arbeitete u. a. an der Ausmalung der Grottenhofhallen der Münchner Residenz und der Michaelskirche. Sein bekanntestes Werk ist wohl die Narrentreppe auf Burg Trausnitz.

Palestrinastraße

(seit 1925) Giovanni Pierluigi da Palestrina (ca. 1525-1594) gilt neben Orlando di Lasso als bedeutendster Komponist der Renaissance. Seine Musik beherrschte noch bis ins 19. Jh. das Repertoire, das in der Sixtinischen Kapelle gespielt wurde. Er hinterließ ein umfangreiches Œuvre, darunter 56 geistliche und 93 weltliche Madrigale, 113 Messen und 35 Magnificats.

Paschstraße

(seit 1900) Namensgebend war nicht das Pasch beim Würfeln, sondern der »Handelsmann« und Gemeindebevollmächtigte Franz Karl Pasch (1809-1860), der sein ganzes Vermögen der Stadt München hinterließ.

Pechlarner Straße

(seit 1935) Die Kleinstadt Pöchlarn liegt im Bezirk Melk in Niederösterreich. Im Mittelalter nannte man die Stadt noch Bechelaren, bekannt aus dem *Nibelungenlied* als Stammsitz des Rüdiger von Bechelaren.

Pegnitzstraße

(seit 1921) Die Stadt Pegnitz im Landkreis Bayreuth liegt am Fluss Pegnitz. »Begenz« wurde 1119 erstmals schriftlich erwähnt.

Pfänderstraße

(seit 1955) Der Philosoph Alexander Pfänder (1870-1941) lehrte ab 1901 an der LMU. Er wird der realistischen Phänomenologie zugerechnet, die den Ursprung der Erkenntnisge-

Jugendstil in der Orffstraße

winnung in unmittelbar gegebenen Erscheinungen sieht.

Pfaffmünsterweg

(seit 1982) Spuren belegen, dass in Pfaffmünster (heute nur noch Münster, ein Gemeindeteil der Ortschaft Steinach bei Straubing) bereits Neandertaler lebten. Wohl im 8. Jh. gründeten die Herzöge Tassilo III. und sein Vater Odilo ein Benediktinerkloster, das nach Kriegszerstörung 1157 von Chorherren neu besiedelt wurde. An den Kirchen lassen sich noch heute gut romanische Elemente erkennen.

Pilarstraße

(seit 1900) Die impressionistische Malerin Maria del Pilar Eulalia Antonia Isabella Ludovika Franziska Josepha Rita Euphrasia von Bayern (1891-1987) war die einzige Tochter von Prinz Ludwig Ferdinand von Bayern.

Plankstettenstraße

(seit 1982) Plankstetten ist heute Teil der Gemeinde Berching in der Oberpfalz. Das Zentrum bildet Kloster Plankstetten, eine 1129 gegründete Benediktinerabtei.

Platz der Freiheit

(seit 1946) Der Platz der Freiheit hieß ursprünglich Hindenburgplatz und wurde nach Kriegsende zu Ehren der Opfer im Widerstand gegen den Nationalsozialismus umbenannt.

Pötschnerstraße

(seit 1881) Die Pötschners waren eine Münchner Patrizierfamilie, die 1541 ausstarb.

Ponzonestraße

(seit 1906) Der italienische Maler Antonio Ponzone (Ponzony, Pinzoni, Poitzon, Ponjon, Boizan etc., gest. 1602) schuf Fresken in der Wilhelmsburg (später Herzog-Max-Burg).

Posseltplatz

(seit 1947) Der Augenarzt Karl Posselt (1837-1916) lehrte an der LMU und stiftete zudem über 200 000 Mark für wohltätige Zwecke.

Postillonstraße

(seit 1927) Der Postillon lenkte einst die Postkutschen, die zur Brief- und Personenbeförderung eingesetzt wurden. Sein Ankommen kündigte er mit einem Posthorn an.

Prinzenstraße

(um 1885) Wenn bayerische Könige und Königinnen Straßen und Plätze haben, warum nicht auch die Prinzen. Die Nähe zu Schloss Nymphenburg tat ein Übriges. Voilà.

Prüfeningweg

(seit 1982) Kloster Prüfening ist eine ehemalige Benediktinerabtei in Regensburg, die 1109 vom Bamberger Bischof Otto I. gegründet wurde. Heute meist als Schloss Prüfening bezeichnet.

Raglovichstraße

(seit 1900) General Clemens von Raglovich (1766-1836) befehligte die Infanterie in den Napoleonischen Kriegen.

Rainer-Werner Fassbinder-Platz

(seit 2004) Er war das Enfant terrible des deutschen Nachkriegsfilms: der Schauspieler, Autor, Regisseur und Selbstdarsteller Rainer Werner Fassbinder (1945-1982). Ab 1967 spielte er im »Action Theater« an der Müllerstraße, das er bald übernahm, dann gründete er das »antitheater« in der Maxvorstadt. Schließlich verlegte er sich komplett auf die Filmemacherei, schuf Umstrittenes und Klassiker wie *Angst essen Seele auf*, *Lili Marleen* oder *Katzelmacher*, wurde gehasst und geliebt und mit Preisen überhäuft.

Reinmarplatz

(seit 1958) Hier gibt es gleich zwei Namenspaten: 1) Der Minnesänger Reinmar der Alte, auch Reinmar von Hagenau, lebte vermutlich in der zweiten Hälfte des 12. Jh. Obwohl seine Person nicht urkundlich belegt ist, existieren einige herausragende Liederhandschriften unter seinem Namen. 2) Reinmar von Zweter (um 1200-nach 1248) dichtete u. a. am Wiener und am Prager Hof. Er gilt als der bedeutendste deutsche Spruchdichter, der wegen seiner Formkunst zu den 12 Begründern der Meistersingerkunst zählt.

Reitknechtstraße

(seit 2010) Die namensgebende »Reitknechtsölde« (eine Sölde ist ein kleiner Bauernhof mit ca. 3 bis 5 ha Grund) lag an der Winthirstr. 3. 1888 kaufte der Frauenverein vom Roten Kreuz das Gehöft und ließ es abreißen. Hier ist heute der Garten des Rotkreuzkrankenhauses.

Renatastraße

(seit 1891) Ganze 18 Tage lang dauerte das rauschende Hochzeitsfest von Renata von Lothringen (1544-1602) und Wilhelm V. von Bayern im Jahr 1568. Orlando di Lasso komponierte eine eigene Festmusik. Und noch heute zieht das Spektakel täglich

Die Straßennamen

Jugendstil in der Romanstraße

Tausende Schaulustige an: Ein Turnier der Hochzeit wird im Glockenspiel am Neuen Rathaus gezeigt. Renata selbst galt übrigens als bescheiden und betätigte sich zeitlebens wohltätig. *In Hausnr. 58 lebte der Architekt* ***Carl Hocheder.***

Rheingoldstraße

(seit 1927) Richard Wagners Oper *Das Rheingold* bildet mit *Die Walküre, Siegfried* und *Götterdämmerung* das Gesamtwerk *Der Ring der Nibelungen*, ein »Bühnenfestspiel für drei Tage und einen Vorabend«.

Richelstraße

(seit 1906) Der Rechtsgelehrte Bartholomäus Richel (1580-1649) diente Kurfürst Maximilian I. als Geheimer Ratskanzler und Verhandlungsführer beim Westfälischen Frieden.

Richildenstraße

(seit 1901) Die selige Richildis von Hohenwart (gest. 1100) ist die Patronin gegen Steinleiden, Gewitter und Unwetter.

Rohrer Weg

(seit 1982) Adalbert von Rohr stiftete 1133 das Augustiner-Chorherrenstift in seiner Heimatgemeinde. Stiftsgebäude und -kirche entstanden im Barock, den üppigen Hochaltar gestaltete Egid Quirin Asam. Nach dem Zweiten Weltkrieg belebten Benediktinermönche das Kloster neu.

Rolandstraße

(seit 1904) Roland (eigentlich Hruotland, um 736-778) diente Karl dem Großen als Heerführer. Er fiel im Kampf gegen die Basken. Im 11. Jh. entstand in Frankreich dann das Versepos *Rolandslied*, heute eine Art Nationalepos Frankreichs, in dem Roland als einer der 12 Paladine Karls des Großen gegen die Mauren kämpft und fällt.

Romanplatz/-straße

(seit 1903) Der Jurist Rudolph Ernst Philipp August von Roman zu Schernau (1836-1917) war von 1893 bis 1909 Regierungspräsident von Oberfranken in Bayreuth.

Rondell Neuwittelsbach

(seit 1890) Die Wittelsbacher feierten 1880 ihr 700-jähriges Jubiläum, also nannte man die neu entstehende Villenkolonie rund um das Rondell in Neuhausen nach dem Fürstenhaus.

Rosa-Bavarese-Str.

(seit 2006) Der Münchner Metzgerstochter Rosa Bavarese (eigentl. Maria Rosa Schwartzmann, um 1710-1755) gelang eine große Karriere als Sopranistin. Sie tourte durch ganz Europa und wurde zur bayer. kurfürstl. Kammersängerin ernannt.

Rosa-Luxemburg-Platz

(seit 1989) Die Sozialistin und Theoretikerin der radikalen Linken Rosa Luxemburg (1871-1919) gehörte 1916 aus Protest gegen die Bewilligung der Kriegskredite zu den Mitbegründern des Spartakusbundes, nach dem Krieg zu den Mitbegründern der KPD. Luxemburg wurde am 15. Januar 1919 in Berlin verhaftet, gefoltert und ermordet.

Rotkreuzplatz

(seit 1903) Erschüttert von den Kriegsgräuel bei der Schlacht von Solferino regte der Schweizer Henry Dunant 1863 die Gründung des Internationalen Komitees vom Roten Kreuz an, heute die älteste internationale medizinische Hilfsorganisation. Längst kümmern sich Rotkreuz und die Schwesterorganisation Rothalbmond nicht mehr nur um Kriegsopfer. Zu ihren Grundsätzen gehört, dass Hilfe immer geleistet wird, unabhängig von Politik, Religion, Ethnie etc.

Rüdigerstraße

(seit 1929) Rüdiger von Bechelaren (Pöchlarn) gehört zum Personal der *Nibelungensage*, er ist Markgraf in Pöchlarn (Österreich) und dem Hunnenkönig untertan.

Rüthlingstraße

(seit 1929) Sänger und Hofschauspieler Bernhard Rüthling (1834-1881) gehörte zum Ensemble des Hoftheaters und war der große Publikumsliebling. Bei seiner Beisetzung sagte Ernst von Possart: »Es will Abend werden in den Räumen des Münchner Schauspiels.«

Ruffinistraße

(seit 1897) Der in Meran geborene Joseph Ruffini (gest. 1749) lebte ab 1711 als Hofmaler in München. Von seinen Kirchengemälden sind in München keine mehr erhalten, wohl aber Arbeiten im Kloster Ottobeuren, Stift Sankt Florian und Benediktinerstift Lambach.

Rupprechtstraße

(seit 1897) Kronprinz Rupprecht von Bayern (1869-1955), der Sohn des letzten bayerischen Königs Ludwig III., kommandierte als Generalfeldmarschall im Ersten Weltkrieg die 6. Armee. Als NS-Gegner lebte er ab 1939 im italienischen Exil, teilweise im Untergrund. Seine Frau Antonia von Luxemburg und die Kinder kamen 1944 bis Kriegsende ins KZ, erst Sachsenhausen, dann Dachau. Alle überlebten.

Sadelerstraße

(seit 1906) Der aus einer flämischen Wanderkünstler-Familie stammende Johann (Jan) Sadeler (um 1550-1600) wurde 1589 Hofkupferstecher Herzog Wilhelms V. in München. Er stach vor allem Arbeiten der Prager Hofmaler und Porträts bedeutender Persönlichkeiten. 1595 verließ er München, um durch Italien zu reisen.

Safferlingstraße

(seit 1903) Benignus von Safferling (1824-1899) war Infanteriegeneral und von 1890 bis 1893 bayerischer Kriegsminister.

Romanplatz – tendenziell trist

Richildenstraße 1907

St.-Galler-Straße

(seit 1953) St. Gallen (ca. 80 000 Einwohner) ist die Hauptstadt des gleichnamigen Kantons in der Ostschweiz. Der Legende nach gründete der hl. Gallus den Ort 612, tatsächlich ist die Abtei St. Gallen erstmals 719 nachgewiesen.

Saportastraße

(seit 1900) Friedrich Karl von Saporta (1794-1853) begleitete 1832 als Adjutant Prinz Otto nach Griechenland, wo Otto König und Saporta Hofmarschall wurde. 1837 kehrte Saporta nach München zurück und diente Ludwig I. zuletzt als Generalmajor.

Savoyenstraße

(seit 1921) Henriette Adelheid Maria von Savoyen (1636-1676), die Gattin von Kurfürst Ferdinand Maria, gab den Bau von Schloss Nymphenburg und der Theatinerkirche in Auftrag.

Schachenmeierstraße

(seit 1956) Wilhelm Schachenmeier (1882-1927) gilt als einer der Pioniere des Brückenbaus (die 1915 fertiggestellte »Golden Gate am Rhein«, die Köln-Deutzer Brücke, stammt von ihm). Ab 1920 lehrte er an der TU München Baukonstruktion und Eisenbau.

Schäringerplatz/-str.

(seit 1921) Ludwig Schäringer (1839-1915), kgl. Wirklicher Rat und städtischer Fondskassier, gründete einige Stiftungen zugunsten städtischer Beamter.

Die Ecke Ruffini-/Nymphenburgerstraße, 1910

Rosa-Luxemburg-Platz

Schauerstraße

(seit 1900) Der Buchdrucker Johann Schauer (auch J. Froschauer, gest. um 1530) lebte von 1482 bis 1494 in München und druckte hier 1482 sein erstes Buch, bzw. das erste Buch, das jemals in München gedruckt wurde.

Scherrstraße

(seit 1902) Der Benediktinermönch Gregor von Scherr (eigentlich Leonhard Andreas Scherr, 1804-1877) wurde 1856 zum Erzbischof von München und Freising ernannt.

Scheyerner Weg

(seit 1982) Die vermutlich um 940 erbaute Burg Scheyern nahe Pfaffenhofen an der Ilm ist der ursprüngliche Stammsitz der Wittelsbacher, denn 1119 verlegte Otto von Scheyern seinen Hauptsitz in die Burg Wittelsbach und wählte gleich den Sitz als neuen Namen. Aus der Burg wurde die Benediktinerabtei Kloster Scheyern.

Schlagintweitstraße

(seit 1922) Gleich vier Namenspatrone gibt es hier: Der Augenarzt Joseph Schlagintweit (1792-1854) gründete nicht nur eine private Heilanstalt für Augenkranke in München, er ist auch der Vater der legendären Gebrüder Schlagintweit Hermann (1826-1882), Adolf (1829-1857) und Robert (1833-1885). Die drei Brüder erkundeten als Forschungsreisende große Teile Indiens und Zentralasiens. Adolf überlebte die Reisen nicht, er wurde vom Khan von Kaschgar als mutmaßlicher chinesischer Spion hingerichtet.

Schlörstraße

(seit 1897) Gustav von Schlör (1820-1883) gehörte der Frankfurter Nationalversammlung an, dann dem oberpfälzischen Landrat, der bayerischen Abgeordnetenkammer und dem deutschen Zollparlament. Von 1866 bis 1871 war er der letzte Staatsminister für Handel und Öffentliche Arbeiten Bayerns.

Schloß Nymphenburg

(seit 1664) Nach dem Schloss Nymphenburg, zu dem diese kurze Straße führt.

Schloßschmiedstraße

(seit 2007) Nach einem ehemaligen Bauernhof an der Winthirstraße 5.

Schluderstraße

(seit 1899) Schluder hieß eine alte Münchner Patrizierfamilie, die 1271 erstmals erwähnt wurde und 1535 ausstarb.

Schobserstraße

(seit 1915) Der Augsburger Buchdrucker Hans Schobser (gest. um 1530) zog um 1500 nach München und druckte hier *Das Buch des h. römischen Reichs Unterhaltung*, die erste Sammlung von Reichstagsabschieden. Schobser betrieb die erste Buchdruckerei und den ersten Buchhandel in der Stadt.

Schulstraße

(um 1898) An dieser Straße lag einst die Neuhauser Schule (1880 erbaut).

Schwere-Reiter-Str.

(seit 1938) (zuvor Leonrodstraße) Das Königlich Bayerische 1. Schwere-Reiter-Regiment »Prinz Karl von Bayern« war in der Prinz-Leopold-Kasernen an dieser Straße untergebracht.

Seidlhofstraße

(seit 2009) Der Seidlhof lag an der Winthirstraße 12, er wurde in den 1960er-Jahren abgerissen.

Rotkreuzplatz 1908

Rotkreuzplatz 5 und 6, 1967

Sedlmayrstraße

(seit 1903) Gabriel Sedlmayr (1811-1891) übernahm mit seinem Bruder Joseph die kleine Spaten-Brauerei. Nach dem Ausstieg seines Bruders baute Gabriel sein Spaten-Bräu zu einer modernen Großbrauerei aus, u. a. weil er als Erster die von Carl von Linde erfundene Kühlmaschine einsetzte. Joseph wiederum übernahm Leistbräu und die Franziskanerbrauerei. Lange nach dem Tod der Sedlmayr-Brüder fusionierte Spaten mit Franziskaner-Leistbräu.

Sieglindenstraße

(seit 1914) Im *Nibelungenlied* ist Sieglinde die Schwester Siegmunds und die Mutter Siegfrieds.

Siegrunestraße

(seit 1931) Siegrune ist eine der Walküren in Richard Wagners *Die Walküren*, in altnordischen Heldensagen schreibt man sie Sigrun.

Simeoniplatz/-straße

(seit 1927) Ludovica Violanda Freifrau von Simeoni verfügte in ihrem Testament, dass der Gegenwert ihrer Hofmark Odelzhausen dem kurfürstl. Hofwaisenhaus für die Erziehung armer Kinder zufallen solle, wenn die Ehe ihrer Erbtochter Maria Anna kinderlos blieb. Maria Anna und ihr Gatte Osalco von Minucci setzten tatsächlich keine Nachkommen in die Welt. Die Familie Minucci richtete daraufhin eine Stiftung ein.

Sinoldstraße

(seit 1935) Sinold ist einer der Mundschenke am Hofe Gunthers im *Nibelungenlied.*

Sophie-Stehle-Straße

(seit 1914) Die Sopranistin Sophie Stehle (1841-1921) war von 1860 bis 1874 Hofopernsängerin in München. Nach der Hochzeit mit Wilhelm von Knigge zog sie sich von der Bühne zurück und ging mit ihrem Mann nach Hannover.

Sprunerstraße

(seit 1912) Karl Spruner von Merz (1803-1892) wurde 1855 Flügeladjutant von König Maximilian II., 1883 ernannte man ihm zum General der Infanterie. Als Kartograf veröffentlichte er u. a. den *Historisch-geographischen Handatlas* und den *Atlas zur Geschichte von Baiern* (1838), als Autor schrieb er mehrere Bühnenstücke.

Steubenplatz

(seit 1930) Friedrich Wilhelm Ludolf Gerhard Augustin von Steuben (1730-1794), Offizier der Preußischen Armee, ging 1777 auf Wunsch Benjamin Franklins in die USA, wo der Unabhängigkeitskrieg tobte. Dort schweißte er die chaotischen Freischärlergruppen der Amerikaner zu einer schlagkräftigen Armee zusammen und trug so ganz entscheidend zum Sieg der Amerikaner über die Briten bei. Jährlich erinnert die Steuben-Parade in New York an ihn.

Stievestraße

(seit 1900) Der Historiker Felix Stieve (1845-1898) war Professor an der TH München und Mitglied der Bayerischen Akademie der Wissenschaften.

Stuberstraße

(seit 1904) Der Kurfürstliche Hof-, Architektur- und Theatermaler Nikolaus Gottfried Stuber (1688-1749) schuf Deckenfresken in der Sendlinger Kirche St. Margaret, er gestaltete 1730 den neuen Hochaltar im Alten Peter und beteiligte sich an der Ausgestaltung der Magdalenenklause und von Schloss Schleißheim. Später verlagerte er sich auf Theaterdekorationen.

Stupfstraße

(seit 1900) Die Stupfs waren eine Münchner Patrizierfamilie.

Südliche Auffahrtsallee

(vor 1730) Das südliche Pendant der Nördlichen Auffahrtsallee.

Südliches Schlossrondell

(vor 1730) Das südöstliche Pendant zum Nördlichen Schlossrondell.

Sustrisstraße

(seit 1900) Der Maler und Architekt Friedrich Sustris (um 1540-1599) trat 1573 in die Dienste von Wilhelm V. Zehn Jahre später ernannte der Herzog Sustris zum Hofmaler und -baumeister, und damit zum Leiter aller wichtigen künstlerischen Projekte in München. Sustris führte die Formensprache der Renaissance in München ein. Seine bekanntesten Werke sind der Grottenhof und das Antiquarium in der Residenz sowie Chor und Querhaus von St. Michael.

Taschnerstraße

(seit 1947) Der vielseitig begabte Ignatius Taschner (1871-1913) reüssierte als Bildhauer, Medailleur und Illustrator. Er schuf z. B. die »Unterfranken«-Statue am Münchner Rathaus sowie das Fischerbuberl auf dem Brunnen am Wiener Platz und illustrierte einige Bücher seines Freundes Ludwig Thoma.

Taxisstraße

(seit 1900) Franz von Taxis (1459-1517) aus dem lombardischen Geschlecht der Tasso (tasso = Dachs) übernahm gemeinsam mit seinem Bruder Janetto und dem Neffen Johann Baptista für Maximilian I. die Organisation eines überregionalen Nachrichtensystems zwischen Innsbruck, den burgundischen Niederlanden und dem französischen Königshof. 1490 ging das erste echte Postsystem in Form von Stafetten an den Start. Schnell kamen andere Höfe als Ziele hinzu und der Grundstein für unser Postwesen war gelegt.

Therese-Danner-Platz

(seit 1997) Die Kunstmäzenin Therese Danner (1861-1934) gründete 1920 in Gedenken an ihren verstorbenen Gatten die Benno und Therese Danner'sche Kunstgewerbestiftung (heute als Danner-Stiftung bekannt) zur Förderung im Kunsthandwerk.

Beste Wohnlage? Die Südliche Auffahrtsallee 56 und 57 zeigte sich 1925 recht marode

Thorwaldsenstraße

(seit 1887) Der dänische Bildhauer Bertel Thorwaldsen (1770-1844), angeblich auf einem Schiff zwischen Island und Dänemark geboren, begann bereits mit elf Jahren an der dänischen Kunstakademie in Kopenhagen zu studieren. Von ihm stammt u. a. das Reiterstandbild Maximilians I. auf dem Wittelsbacherplatz.

Tiepolostraße

(seit 1904) Giovanni Battista Tiepolo (1696-1770) war einer der bedeutendsten venezianischen Künstler des Spätbarock und Rokoko. Die umfangreiche Ausstattung der Würzburger Residenz mit den gewaltigen Fresken im Treppenhaus und im Kaisersaal gilt als sein Hauptwerk.

Tintorettostraße

(seit 1904) Jacopo Tintoretto (eigentl. Jacopo Robusti, 1518-1594) hatte den frechen Wahlspruch: »Von Michelangelo die Zeichnung, von Tizian die Farbe und von Raffael das Dekorum.« Er schuf meist großformatige Bilder mit raffinierten Lichtkompositionen, er galt als einer der schnellsten Maler seiner Zeit und einer der Hauptmeister der Spätrenaissance.

Tizianplatz/-straße

(seit 1904) Was Tintoretto für die Spätrenaissance war Tizian (eigentl. Tiziano Vecellio, um 1488-1576) für die Hochrenaissance – einer der Hauptmeister. Tizians lebte und arbeitete während der goldenen Zeit von Venedig und wurde durch seinen raffinierten Umgang mit Farbe in ganz Europa gefeiert. Kaiser Karl V. erhob ihn in den Adelsstand. In Tizians Spätwerk ist bereits der Übergang zum Barock spürbar.

In Hausnr. 37 lebte der Bildhauer ***Rudolf Maison,*** *in der 85 der Maler* ***Wilhelm Jakob Hertling.*** *Zeitweise wohnte die Schriftstellerin* ***Lena Christ*** *in Hausnr. 18.*

Trivastraße

(seit 1900) Der bayerische General Johann Nepomuk Joseph Florian von Triva (1755-1827) war von 1814 bis 1822 Kriegsminister unter König Max I. Joseph.

Trojanostraße

(seit 1900) Kaum etwas weiß man über den neapolitanischen Komponisten und Dichter Massimo Troiano, außer dass er zwischen 1567 und 1570 mehrfach in München weilte, als Sänger in der Hofkapelle von Orlando di Lasso mitwirkte und eine sehr detaillierte Beschreibung der Fürstenhochzeit zwischen Wilhelm von Bayern und Renata von Lothringen hinterließ. Tja, und dann ermordete er noch zusammen mit einem anderen Sänger einen Kollegen, woraufhin Troiano aus Bayern floh und sich seine Spur verliert.

Volkartstraße

(seit 1891) Der Medicus und Theologe Rudolf Volk(h)art von Heringen (gest. 1465) war Kanoniker der Stephanskirche und Professor an der Universität Wien, zudem Dekan der Alten Kapelle in Regensburg, Generalvikar des Bistums Regensburg sowie Pfarrer und Dekan von St. Peter in München. Er stiftete 1447 seine umfangreiche Bibliothek dem Magistrat zur Errichtung eines neuen Dachanteihofs für den Alten Peter.

Volksgartenstraße

(seit 1914) Die Straße verläuft auf dem Gelände des 1916 geschlossenen Volksgartens.

Volpinistraße

(seit 1904) Der italienische Bildhauer und Stuckateur Giuseppe Volpini (1670-1729) bekleidete ab 1715 das Amt des Hofbildhauers in München. Er schuf zahlreiche Statuen und Stuckarbeiten für Nymphenburg und Schleißheim. 1728 ernannte ihn Kurfürst Karl Albrecht zum Hof-Antiquari-Inspector.

Kleinhaus-Idylle in der Schlörstraße

Von-Goebel-Platz

(seit 1935) Karl von Goebel (1855-1932) war Botanikprofessor ans der Münchner Universität von 1891 bis 1931. Er legte den neuen Botanischen Garten in Nymphenburg an und wurde dessen erster Direktor. Unumstritten ist Goebel keineswegs, schon während des Ersten Weltkriegs tat er sich durch antisemitische Hetztiraden hervor.

Wälsungenstraße

(seit 1929) Die Wälsungen (Wölsungen) sind ein sagenhaftes germanisches Geschlecht, direkte Nachkommen von Odin, benannt nach dem Stammvater Wölsung. Wölsungs berühmtester Sohn ist Sigurd bzw. Siegfried, der Drachentöter.

Waisenhausstraße

(seit 1903) Benannt nach dem städtischen Waisenhaus, das hier steht.

Walderbachweg

(seit 1982) Die ehemalige Zisterzienser Abtei Walderbach (Landkreis Cham) wurde 1143 erstmals schriftlich erwähnt. Heute beherbergt die Anlage eine Brauerei und das Kreismuseum Walderbach.

Walhallastraße

(seit 1901) 1) Walhall ist in der nordischen Mythologie der »Wohnort der Gefallenen«, das Heldenparadies. 2) Walhalla ist eine von Leo von Klenze in Form eines antiken Tempels entworfene Gedenkstätte für bedeutende deutsche Persönlichkeiten in Donaustauf, die König Ludwig I. in Auftrag gab.

Washingtonstraße

(seit 1932) George Washington (1732-1799) war Oberbefehlshaber im amerikanischen Unabhängigkeitskrieg und einer der Gründerväter der

Reihenhäuser in der Waisenhausstraße

USA. Von 1789 bis 1797 regierte er als erster Präsident die neuen Vereinigten Staaten von Amerika. Anlässlich seines 200. Geburtstags widmete ihm München diese Straße.

Waskestraße

(seit 1929) Im frühmittelalterlichen *Iringslied* ist Waske das Schwert des Titelhelden Iring, ein Gefolgsmann des thüringischen Königs Irmenfried. Mit diesem Schwert köpft Iring seinen ehemaligen Herrn Irmenfried, weil Iring zum Frankenkönig Diederich übergelaufen ist. Und weil Diederich ihm den Lohn verweigert, beendet Iring mit Waske auch noch Diederichs Leben. »Und mit dem Schwerte sich eine Gasse bahnend, ging er davon.« Ach, und im *Nibelungenlied* taucht Waske natürlich auch auf. Da spaltet es dem Hagen den Helm.

Weiglstraße

(seit 1901) Der österreichische Komponist und Dirigent Joseph Weigl (1766-1846) assistierte Mozart bei mehreren Wiener Erstaufführungen, schrieb über 34 Opern, Singspiele und Operetten und war Hofkapellmeister in Wien.

Wendl-Dietrich-Str.

(seit 1890) Der Holzschnitzer Wendel(in) Dietrich (um 1535-um 1622) machte sich einen Namen durch seine kunstvollen Türen, Wandvertäfelungen und Kassettendecken für die Augsburger Fugger. Ab 1582 diente er dem bayerischen Herzog, 1587 zog er ganz nach München und wurde herzoglicher Baumeister.

Wertachplatz

(seit 1967) Die Wertach entsteht durch den Zusammenfluss von Kaltenbrunnenbach und Eggbach zwischen Ober- und Unterjoch in den Allgäuer Alpen. Der 141 km lange Fluss mündet in Augsburg in den Lech.

Jugendstil in der Ysenburgstraße

Wilderich-Lang-Str.

(seit 1898) Der Privatier Max Wilderich Lang (gest. 1895) und seine Gattin stifteten 186 000 Mark für kranke Kinder und setzten die Stadt München als Universalerbin ihres Vermögens ein.

Wilhelm-Düll-Straße

(seit 1908) Wilhelm Düll (1845-1920) war von 1875 bis 1896 Bezirksgeometer im Bayerischen Landesvermessungsamt. *In der Hausnr. 5 lebte die Schriftstellerin* ***Lena Christ.***

Wilhelm-Hale-Straße

(seit 1930) William Bayard Hale (1869-1924) war episkopaler Priester und amerikanischer Journalist. Ihm gelang 1908 ein aufsehenerregendes Interview mit Kaiser Wilhelm II. Er schrieb die Biografie zu Woodrow Wilsons Präsidentschaftskampagne, war für Woodrow in geheimer Mission in Mexiko und wurde 1915 Propagandaberater für das Deutsche Reich. 1917 als Kriegskorrespondent nach Europa geschickt, blieb Hale hier nach Kriegsende, weil er in den USA als Verräter galt.

Winfriedstraße

(seit 1900) Winfried (eigentl. Wynfreth, um 673-754) war einer der bekanntesten Missionare, der »Apostel der Deutschen«. Wie, der Name sagt Ihnen nichts? Das liegt wohl daran, dass er ab 719 einen neuen Namen trug: Bonifatius. Bonifatius war Bischof von Mainz und von Utrecht sowie Gründer etlicher Klöster.

Winthirplatz/-straße

(seit 1900/1890) Der Legende nach kam der englische Wanderprediger Winthir im 8. Jh. mit seinem Maultier nach Neuhausen, wo er blieb, um das Christentum zu predigen. Die Winthirstraße hieß früher Dorfstraße.

Wintrichring

(seit 1959) Der Jurist Josef Marquart Wintrich (1891-1958) war Staatsanwalt beim Landgericht München II. 1933 wurde er nach Ebersberg zwangsversetzt, weil er dem Grund für die sprunghaft gestiegenen Todeszahlen im KZ Dachau nachgehen wollte. Nach dem Krieg war Wintrich ab 1947 Richter am Bayerischen Verfassungsgerichtshof und ab 1953 dessen Präsident und von 1954 bis 1958 Präsident des Bundesverfassungsgerichts.

Wolfgang-Früchtl-Str.

(seit 1952) Der Oberstellwerkmeister Wolfgang Früchtl (1970-1935) gründete die Baugenossenschaft München-West des Eisenbahnpersonals.

Wotanstraße

(seit 1898) Wotan (Wodan, Odin) ist der Göttervater in der germanischen Mythologie, er ist Kriegs- und Todesgott, Gott der Dichtung und der Magie.

Yorckstraße

(seit 1921) 1) Ludwig Yorck von Wartenberg (1759-1830) war ein preußischer Generalfeldmarschall, der einige entscheidende Siege in den Befreiungskriegen gegen Napoleon erzielte. 2) Der Jurist Peter Yorck von Wartenburg (1904-1944), Ururenkel von 1), zählte zum Kern der Verschwörer vom 20. Juli 1944. Nach dem gescheiterten Attentat wurde er in Berlin ermordet.

Ysenburgstraße

(seit 1894) Reichsgraf Georg August zu Ysenburg und Büdingen in Philippseich (1741-1822) war General, der von 1797 bis 1802 das Provinzialkommando der Bayerischen Armee in der Pfalz innehatte.

Zamboninistraße

(seit 1900) Der Tenor und Komponist Pietro Zambonini (vor 1635-um 1700) war ab 1643 chufürstlicher bairischer Hof- und Kammer-Musikus. Er komponierte mindestens drei Opern für den Münchner Hof (z. B. *La ninfa ritrosa*, *Mercurio e Marte discordi*), von denen keine Partituren erhalten sind.

An der Ecke Donnersberger-/Wilderich-Lang-Straße

Zeno-Diemer-Straße

(seit 1947) Michael Zeno Diemer (1867-1939) wurde bekannt als Schlachtenmaler, schuf aber auch viele Landschafts- und Seebilder.

Zuccallistraße

(seit 1900) Die aus Graubünden stammende Baumeisterfamilie Zuccalli hinterließ ihre Spuren in ganz Bayern: 1) Dominikus Christoph Zuccalli (vor 1650-1702) schuf mehrere Wallfahrtskirchen; 2) Enrico Zuccalli (eigentl. Johann Heinrich Z., um 1642-1724), Vetter von 1) und erheblich erfolgreicher als 1); er vollendete u. a. die Theatinerkirche und Schloss Nymphenburg, baute Schloss Lustheim und das neue Schloss Schleißheim; 3) Kaspar Zuccalli (um 1629-1678), Vetter von 1) wurde 1668 zum kurfürstlichen Hofmaurermeister in München ernannt, baute u. a. das Kloster Andechs und das Chorherrenhaus Altötting; 4) Kaspar Zuccalli (um 1637-1717), Sohn von 1) und Neffe von 2), dessen Hauptwerke die Kajetanerkirche in Salzburg und das Karmelitenkloster in Straubing sind.

Zum Künstlerhof

(seit 1930) Ein Teil der von der GEWOFAG erbauten Siedlung Neuhausen ist speziell für Künstler mit Ateliers ausgestattet worden.

Musikerfiguren über den Hauseingängen in der Wendl-Dietrich-Straße

Neuhausen-Nymphenburg in Zahlen

98 814 Einwohner, davon 47 350 Männer und 51 464 Frauen

55 839 Haushalte, davon 31 998 (= 57,3 %) Singlehaushalte

1 242 Geburten gegenüber 721 Sterbefällen

10 Grundschulen, 3 Haupt-/Mittelschulen, 4 Realschulen, 5 Gymnasien, 9 berufliche Schulen

86 Kindertageseinrichtungen mit 4 726 Betreuungsplätzen

6 Krankenhäuser mit 1 171 Betten

5 Museen, 7 öffentliche Bibliotheken, 5 Theater, 2 Kinosäle

922 032 Übernachtungen in 18 Tourismusbetrieben mit 4 054 Betten

337 Ärzte – 293 Einwohner je Kassenarzt

116 Zahnärzte – 852 Einwohner je Kassenzahnarzt

25 Apotheken – 2 953 Einwohner je Apotheke

1 617 Arbeitslose

16 480 Einwohner sind 65 Jahre und älter

1 291,45 ha Gesamtfläche, davon 619,64 ha Gebäude- und 352,53 ha Erholungsflächen

41 885 Kraftfahrzeuge, davon 1 190 Lkw und 3 683 Krafträder

Ergebnisse Stadtratswahl 2014:

SPD	31,5 %
CSU	28,3 %
Grüne	19,8 %
FDP	3,6 %
Die Linke	2,8 %
Freie Wähler	2,5 %
AfD	2,2 %

23 980 (= 24,3 %) Menschen mit ausländischem Pass leben im Stadtbezirk 9; die Top-5 der Nationalitäten:

1. Kroaten	2 164
2. Italiener	1 772
3. Türken	1 737
4. Österreicher	1 409
5. Bosnier	1 266

Quelle: Statistisches Jahrbuch München 2019 (Stand der Zahlen Ende 2018)

Stichwortverzeichnis

Viele der folgenden Stichworte finden sich im Buch auch an anderer Stelle; wir weisen in diesem Verzeichnis nur auf die Hauptartikel zum jeweiligen Stichwort hin.

Stichwortverzeichnis | Literatur

Bezirksausschuss Neuhausen-Nymphenburg:

Bezirksausschuss 9
BA-Geschäftsstelle Nord
Ehrenbreitsteiner Straße 28a EG
80993 München

Fon: 089 159 86 89-35
Fax: 089 159 86 89-21

E-Mail (Geschäftsstelle): bag-nord.dir@muenchen.de

So setzt sich der Bezirksausschuss 9 Neuhausen-Nymphenburg seit der Kommunalwahl 2014 zusammen:

CSU	12
SPD	10
GRUENE	10
AGS	3
DaCG/ÖDP	2
FW/FW München	2
FDP	1
Fraktionslos	1

Literaturauswahl

100 Jahre Eingemeindung Neuhausen. Festschrift, München 1990

1170–1970 – Neuhausen 800 Jahre. Festschrift, München, 1970

1664–1964 – Nymphenburg 300 Jahre. Festschrift, München, 1964

Angermair, Elisabeth: Das Oberwiesenfeld – Exerzierplatz, Flugfeld, Olympiapark. München 1994

Arz, Martin/Schäfer, Marc: Unser München – Das Stadt-Teil-Buch. München 2011

Bauer, Richard (Hrsg): Stadt und Vorstadt, fotografiert von Georg Pettendorfer. München 1990

Bayern, Adalbert Prinz von: Nymphenburg und seine Bewohner. München 1949

Dollinger, Hans: Die Münchner Straßennamen. München 2007

Geschichtswerkstatt Neuhausen e.V.: 850 Jahre Neuhausen. München 2016

dies.:»Griaß de God, Herr Prinzregent!« Neuhausen und Nymphenburg zwischen 1886 und 1914 – Zwei Dörfer werden zu Münchner Stadtteilen. München 2008

dies.: Die Nymphenburger Straße. München 2003

dies.: Der Nymphenburger Friedhof. München 2004

dies.: Der Rotkreuzplatz – Das Herz von Neuhausen. München 2014

dies.: Hollywood in Neuhausen. 2 Bd., München 1997, 2002

dies.: Neuhauser Werkstatt-Nachrichten. versch. Ausgaben 1998–2003

dies.: Nymphenburg – 100 Jahre Münchner Ausflugsort und Vergnügungsviertel. München 2003

dies.: Spuren jüdischen Lebens in Neuhausen. München 1995

dies.: Zum Beispiel Neuhausen 1918–1933. München 1993

Gorbach, Max: Chronik von Neuhausen. München 1955

Grad, Andreas: Aus Neuhausens Vergangenheit. München 1959

Günther, Margot: Neuhausen, Gern, Nymphenburg 100 Jahre bei München. München 1990

Gut, Georg A.: 100 Jahre Wohnanlage Artillerie-, Volkart-, Fueterer-, Hübnerstraße. München 1993

Heilmann, Jakob: Familienhäuser – Colonie Nymphenburg, Gern und Thalkirchen. München 1894

Herder, Dorothea von/ Verein zur Erhaltung Gerns e.V.: 100 Jahre Villenkolonie Gern. München 1992

Horn, Heinrich/Karl, Willibald: Neuhausen – Geschichte und Gegenwart. München 1989

Krafft, Barbara: 250 Jahre Porzellan-Manufaktur Nymphenburg, 1747–1997. München 1997

Lipp, Josef: Die Vorstadt Neuhausen – Ein Beitrag zur Heimatkunde. München 1909

Mooseder, Georg: Dorfgericht und Hofmark Ober- und Unterkemnaten (heute Nymphenburg). In: Amperland, Jahrgang 29/Heft 2, S. 76–79. Dachau 1993

Schmid, Elmar D.: Nymphenburg. München 2000

Scholz, Freimut: Neptun auf der Jagd nach Liebe und andere Göttergeschichten, München 2016

Schröther, Franz: S'Geld muaß unter d'Leit – Die Lebensgeschichte von Lorenz Hauser, dem »Millionenbauern« aus München-Neuhausen. München 2002

Schröther, Franz: Von Postämtern, Postkutschen und Postboten – Münchner Postgeschichte(n) aus Neuhausen, Nymphenburg und Gern. München 1996

Seebauer, Ute: Am Kanal der blauen Glocken – Künstlerkolonie und Königsschloss. St. Ottilien 2006

Shau, Thomas: Die Nymphenburger Straße in Geschichte und Gegenwart. München 1995 (Zulassungsarbeit)

Stahleder, Helmuth: Gern. München 2010

ders.: Kirche in der Vorstadt – Die evangelische Christuskirche und der Münchner Stadtbezirk Neuhausen um 1900. München 2001

ders.: Vom Klosterhof zum Villenvorort – Gern und die Eingemeindung von Nymphenburg am 1. Januar 1899. München 1999

Steigenberger, Thomas: Gern – Geschichte, Architektur, Denkmalpflege. München 2005

Thoma, Hans: Zweihundert Jahre Nymphenburg 1747–1947. München 1954

Weyerer, Benedikt: München zu Fuß. Hamburg 1988

sowie diverse Ausgaben der **Nymphenburger Hefte** und der **Neuhauser Werkstatt-Nachrichten**

Bildnachweis | Impressum

Martin Arz Cover, 5 u., 13 u., 19, 20, 21 u., 22 u., 23, 24 u., 25 o., 26 o.+u., 27, 28 r., 29 o., 30 r., 31 u.r., 32, 33, 34 o.l., 35 u., 36 2 x M., 37 r., 40 u.+M., 42 M., 43 u., 46 u., 47, 48 l.+u., 49 u.l., 51 o.l., 52 u., 53, 55, 58 u., 60, 61, 62, 63 l., 64 u., 66 o., 67 r., 69, 70 M.+u., 71, 75, 77, 78 o.+u.r., 81, 82 l.+u., 84 u., 85 o., 86 u., 89 u.r., 90, 91 l., 95 u.l., 96 r., 97 u., 98 u., 99 M.l, 101 M.+u., 102, 103 u., 104 M., 105, 106 u., 108 o., 109, 110 (außer o.), 111, 112, 113, 115 o.l.+u., 116 u., 117 u., 118, 120, 121, 122, 123, 124 u., 126, 127, 128, 129 u., 131, 132, 133 o., 134 u., 137, 138, 139

Volker Derlath 107 o.+r.

Frick Krüger Nusser Plan2 GmbH 108 l.

GEWOFAG 46 o.

Geschichtswerkstatt Neuhausen 21 o., 22 o., 28 l., 30 o., 104 u.

Google Earth 78 u.l.

Graft Gesellschaft von Architekten mbH 42 o.

Hirschkäfer Verlag Archiv 6, 7, 17, 18/19, 21 M., 25 u., 35 o.r., 37 l., 41 M., 42 u., 43 M., 44 r., 48 o.r., 51 o., 63 r., 65, 67 u., 68 o., 76, 80, 85 3 x u., 86 o., 87, 94, 97 o., 98 o., 100 u., 133 u.

Interfoto 11 o., 29 r., 39, 56 o., 57 o.r.+u., 58 o., 66 u.

Florian Knapp 52 o.

Mathias Köhler 107 u.

F. X. MEILLER Fahrzeug- und Maschinenfabrik GmbH & Co KG 26 M.

Münchner Stadtmuseum, Sammlung Graphik/ Gemälde 9 o., 79, 93

Polizeipräsidium München 50 u.

Postsportverein 24 M.

Stadtarchiv München 8 (DE-1992-PS-SP-0056, DE-1992-PS-SP-0210), 9 u. (DE-1992-FS-PK-STB-07024), 10 (DE-1992-FS-NL-PETT1-0691), 11 u. (DE-1992-FS-STB-0989), 12 (DE-1992-HV-BS-C-01-38), 13 o. (DE-1992-FS-PK-STB-08656), 14 (DE-1992-FS-HB-II-c-0585, DE-1992-FS-HB-XX-W-077, DE-1992-FS-HB-XX-J-03, DE-1992-FS-NL-PETT1-3994), 15 (DE-1992-FS-HB-XVI-0103, DE-1992-FS-HB-XX-W-080, DE-1992-FS-NL-PETT1-3998, DE-1992-FS-HB-XX-J-04, DE-1992-FS-NL-PETT1-3993), 25 (DE-1992-FS-PK-STB-13979), 29 u. (DE-1992-FS-STR-1076), 30 l. (DE-1992-FS-PK-STR-00174), 31 o.+u.+M.r. (DE-1992-FS-HB-V-a-1191, DE-1992-FS-NL-PETT1-3833, DE-1992-HB-V-a-1192), 34 o.r.+u. (DE-1992-FS-STR-3316, DE-1992-FS-STR-1377), 35 o.l. (DE-1992-FS-AB-STB-070-01), 36 o.+u.(DE-1992-FS-NL-PETT1-3102, DE-1992-FS-NL-WEIN-0226), 38 (DE-1992-FS-HB-XX-W-075, DE-1992-HV-BS-D-01-32), 40 o. (DE-1992-FS-NL-WEIN-0262), 41 (DE-1992-FS-HB-XX-W-079), 43 o. (DE-1992-HV-BS-A-04-60), 44 o.l. (DE-1992-FS-HB-V-a-1280), 45 (DE-1992-FS-PK-STB-13566, DE-1992-FS-PK-STB-13976), 48 2.v.o.r. (DE-1992-FS-NL-PETT1-3991), 49 o.+u.r. (DE-1992-FS-PK-STB-04733, DE-1992-FS-NL-PETT1-4153), 50 o. (DE-1992-FS-PK-STR-03476), 51 M.+u. (DE-1992-FS-NK-STB-0064, DE-1992-FS-PK-STB-13984), 56 u. (DE-1992-PS-SP-0005), 57 o.l. (DE-1992-FS-NS-01880), 59 (DE-1992-FS-STB-0988), 64 o. (DE-1992-FS-NL-KV-1149), 64 u.l. (DE-1992-FS-PK-STB-14304), 67 l. (DE-1992-FS-NSF-02359), 68 u. (DE-1992-FS-PK-STB-07876, DE-1992-FS-PK-STB-13135), 70 o. (DE-1992-FS-NL-KV-1919), 72/73 (DE-1992-FS-PK-STB-14380, DE-1992-FS-NL-KV-1115, DE-1992-FS-AB-STB-156-01, DE-1992-FS-ERG-U-0020, DE-1992-FS-NL-KV-1119, DE-1992-FS-NL-KV-1126), 82 o. (DE-1992-FS-PK-STB-08658), 83 o. (DE-1992-FS-PK-STB-03010), 84 o. (DE-1992-FS-PK-STB-08651), 86 l.u. (DE-1992-FS-NL-PETT1-2245), 88 (DE-1992-FS-PK-STB-05251, DE-1992-FS-HB-V-a-0173_GF, DE-1992-FS-HB-V-a-0174_GF), 89 o. (DE-1992-FS-PK-STB-04572), 89 u. (DE-1992-FS-HB-VI-0037), 89 r. (DE-1992-FS-HB-VI-0054, 91 r. (DE-1992-FS-PK-STB-12361a), 95 o.+u.l. (DE-1992-FS-STB-5733, DE-1992-FS-HB-V-d-2701), 96 o.l. (DE-1992-FS-NL-PETT2-2729), 99 o.l. (DE-1992-FS-PK-STB-13986), 99 r. (DE-1992-FS-HB-V-a-0035, DE-1992-FS-HB-V-a-0037), 100 o. (DE-1992-FS-NL-PETT3-0107), 101 o. (DE-1992-FS-PK-STB-14136), 103 o. (DE-1992-FS-PK-STB-06481), 104 o. (DE-1992-FS-PK-STR-00279), 106 o. (DE-1992-FS-PK-STB-06948), 110 o. (DE-1992-FS-STR-3403), 114 (DE-1992-FS-NL-PETT1-0605, DE-1992-FS-PK-STB-13117), 115 o.r. (DE-1992-FS-PK-STR-00202), 116 o. (DE-1992-FS-NL-PETT2-2712), 117 o. (DE-1992-FS-NL-PETT1-0736), 119 (DE-1992-FS-HB-VI-0180), 124 2 x o. (DE-1992-FS-NL-PETT1-1898, DE-1992-FS-STR-3239), 125 (DE-1992-FS-NL-PETT1-2633, DE-1992-FS-NL-PETT1-2624), 129 o. (DE-1992-FS-PK-STB-13541), 130 (DE-1992-FS-WKII-STR-2477), 134 o. (DE-1992-FS-PK-STR-01558), 135 (DE-1992-FS-PK-STR-03588, DE-1992-FS-STR-1349), 136 (DE-1992-FS-NL-PETT1-3310)

Wikimedia Commons 24 o., 83 u. (Diego Deslo)

alle aktuellen Karten © Hirschkäfer Verlag 2019

Impressum

1. Auflage, Dezember 2019

Text und Gestaltung: Martin Arz
Grundlayout: Franz Schiermeier Verlag
gedruckt in der EU

ISBN 978-3-940839-52-7

Besuchen Sie uns im weltweiten Netz:
www.hirschkaefer-verlag.de

Mit Liebe gemacht.